極《ごく》！店長道《てんちょうどう》

中村《なかむら》真一《しんいち》
研修講師

講談社エディトリアル

はじめに　店長道を極めよう！

この本は、店長道を極めようという意味を込めて、「極！　店長道」という題にしましたが、店長道を極めるための具体的なテクニックを記述した本ではありません。いわゆる料理のレシピ本のような感じで仕上げていません。料理に例えると、「包丁はこうやって持ったほうが切りやすいですよ」「包丁は時々研がないと使いものになりません」「まな板はこういう衛生管理をしないと食中毒が起こります」というように、料理をする前の基礎的な部分を網羅した本です。読者の皆さまには、この本を読んだ後に自身の店舗で料理をしていただくというイメージです。

私はもともとマクドナルド出身です。マクドナルドでの経験から、本当に多くのことを学びました。二十年近く前になりますが、店長経験もあります。お客様をいつも前にして働く店長は、「そもそも売上を伸ばすには何が必要だろう」「もっとチームワークを良くするには」「クレーム対応の基本的な考え方は」「うちのお店の損益分岐点は」など、日々疑問を持ちながら仕事をするのですが、目の前の仕事に追われて、なかなか立ち止まって振り返る時間はありません。事実、私もそうでした。私は店長をはじめ、スーパーバイザー、統括スーパーバイザーという、基本的には営業畑で育ちましたが、私が店長に必要な理論や法則を考えるきっかけになったのは、トレーニング部に異動してからです。間接スタッフとして、はじめて客観的に営業の現場を見られるようになりました。マクドナルドを退職後、人材教育の会社に身を投じ、大学院で経営の知識を深めていくうちに、この本を書こうと思いたちました。昨年四月に自分で起業して、いろいろなサービス業に携わる方との研修を通じて、職種は違っても店長職のベースにある考え方は大きく変わらないと感じ、自分が信じている理論に自信も生まれました。店長としての基本的な考え方を、一人でも多くの方に伝えたかったのです。主にはマクドナルドでの経験をメインに、店長に必要なスキルを「実践を実践」で語るのではなく、「実践を事例と理論」で語る本に仕上げました。

この本を手にした皆さまには、3つの効用があります。

1、事例を多く交えて記してあるので、自分の仕事とオーバーラップさせることが出来、筆者と皆さまの中で〝あるある感〟が生まれ、読み進めやすいです。

2、「実践を理論」で語る形に仕上げていくので、自分のやっていることに自信が生まれます。

3、読み終えた後にポジティブな気分になります。

第一章では、チームワークを醸成するうえで一番必要な、信頼関係について触れていきます。従業員と信頼関係が構築出来ないかぎり、業績を上げることは出来ません。この章では、関係の質を上げることで、最終的に結果の質が上がりますということを伝えます。

第二章では、人を育てるということにフォーカスします。「やって見せて、言って聞かせて、やらせて見て、ほめてやらねば人は動かず」山本五十六元帥の指導法をベースに、OJTの重要性を一緒に考えていきます。

第三章では、お客様に「私の行きつけのお店はこのお店」と利用してもらえるような、マーケティング活動をご紹介します。

第四章では、商売するうえで基本中の基本である損益計算について、実際に計算問題を交えながら、わかりやすく説明します。

第五章では、起こってしまったクレームを、ただ処理するだけではなく、再度お客様に利用してもらえるようにするには、どうすれば良いのかを考えていきます。

第六章では、店長として「理想のお店」「あるべき姿」を考え、作ったビジョンをいかにわかりやすく、従業員に伝えていくかを見ていきます。

第七章では、店長道を極めるための、さらなる虎の巻をいくつかご紹介します。

以上のように7つの章にまとめましたが、話の一つ一つはどれも独立した内容になっています。興味のあるところから読んでいただいても構いませんし、ご自身にヒットしたところ、共感を持てた部分を繰り返し読んでいただけるような構成になっています。

店長が輝けば、従業員が輝きます。従業員が輝けば、お客様が増えてお店は繁盛します。繁盛したお店は儲かります。

本書がなんらかの形で少しでもお役に立てたら、このうえなく幸せに思います。

二〇一一年一月

著者

極！　店長道◆目次

極！　店長道

装丁　池田雅彦

第一章　チームワーク醸成の巻

其の一　優秀なチームには必ず成功のサイクルがある

私はマクドナルド在職中、最後の二年間はオペレーションマネージャーという職に就いていました。直営店100店舗近くの統括責任者です。当然仕事の一環として店舗巡回をするわけですが、店の休憩室に行くと、概ね二つのパターンに分かれます。

一つ目のパターンの休憩室では、クルー（マクドナルドでは、パートのことを船の乗組員に例えてクルーと呼ぶ）同士で、「今日のピークは売れそうだね」とか「○○さん、最近ポテトのオペレーションうまくなったね」「ねえ店長、再来週の月曜日は運動会の代休なので売れますよ」というように店のことに関してとてもポジティブな会話が飛び交っており、こちらまで元気をもらいます。

二つ目のパターンの休憩室では、会話がなく、皆が携帯電話をいじっていたり、音楽を聴いています。会話があっても「ねえ、昨日の〝ガキの使い〟見た？」というようにテレビ番組の話をしていたり、最悪なのは、店の悪口を言っていたりと、こちらまでネガティブな気持ちになる場合があります。

いうまでもなく、業績のいい店は一つ目のパターンのお店です。

また、私は現在研修講師の仕事をしており、サービス業にも携わっています。研修のニーズ調査で現場を見せてもらうこともありますが、不思議とマクドナルドの休憩室と同様のことが他業種でも見られます。

業種は違っても、店というカテゴリーにおいては、同様の法則があてはまるということを、身をもって感じる瞬間です。

つまり、好業績を生み出しているチームは、人間関係・コミュニケーションの質が高いということです。

マサチューセッツ工科大学のダニエル・キム氏が提唱する理論、「成功循環モデル」の中で、成功しているチームは、まず関係の質が高いということを言っています。

関係の質の高いチームに共通して言えることは、先ほどの事例にもあるように、非常に活発なコミュニケーションが存在します。言いたいことが安心して自由に言える環境、話

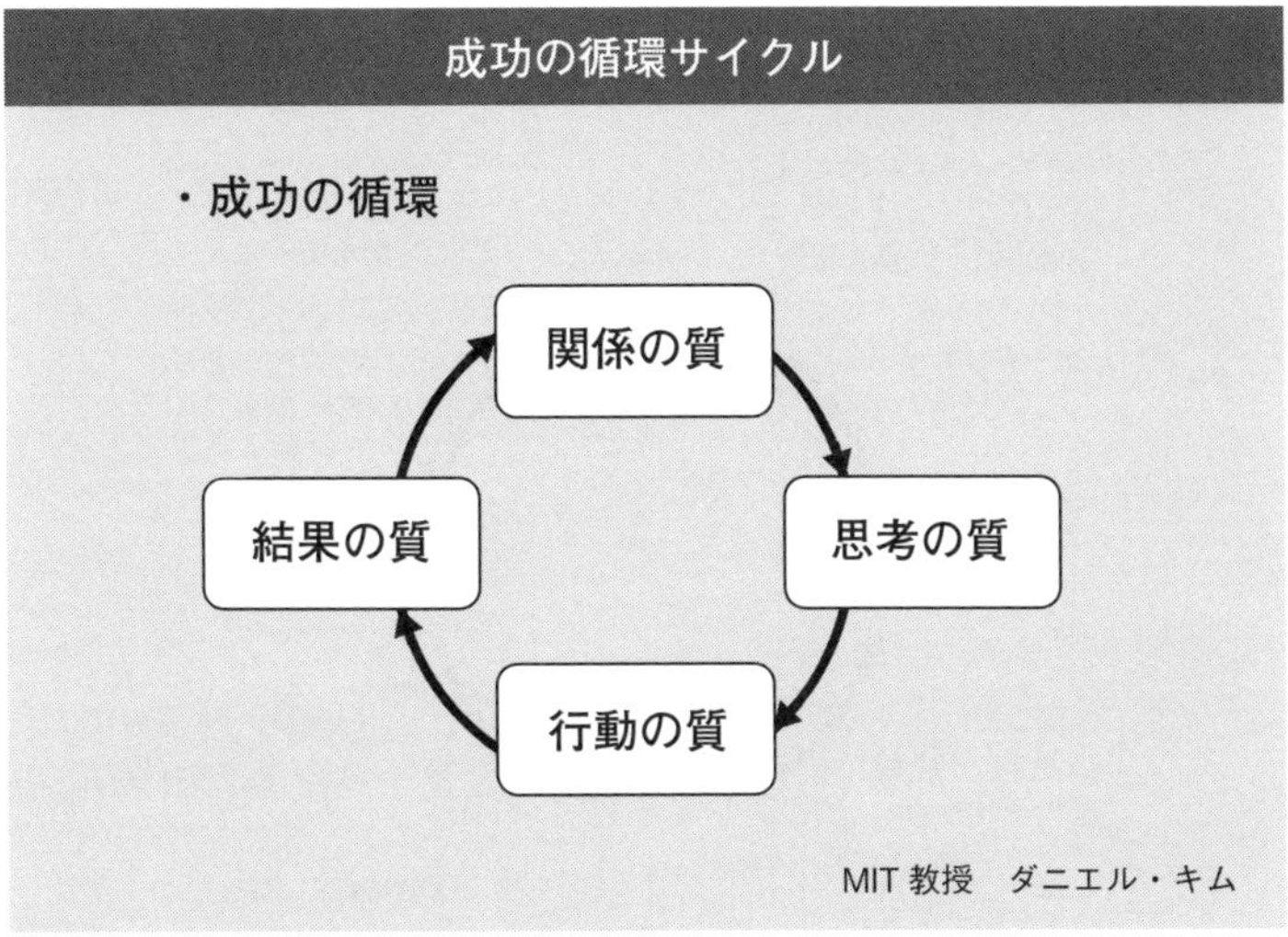

を聴いてもらえる環境、仕事に打ち込める環境が存在します。

そこで多くの事実、データ、意見、感情が交換されることにより、多くの気づきや学び、共感からポジティブな思考が生まれます。つまり、思考の質が高まるのです。ポジティブな思考からはポジティブな行動が多く出現します。最終的に結果の質が高まるのです。結果の質が高まれば、チームとして喜びや達成感が生まれ、さらに関係の質が高まるという成功の循環サイクルが確立するのです。

ただし良い循環のみならず、悪い循環もあります。

チームとして関係の質が悪くなると、一人一人が閉鎖的になり、押しつけあっ

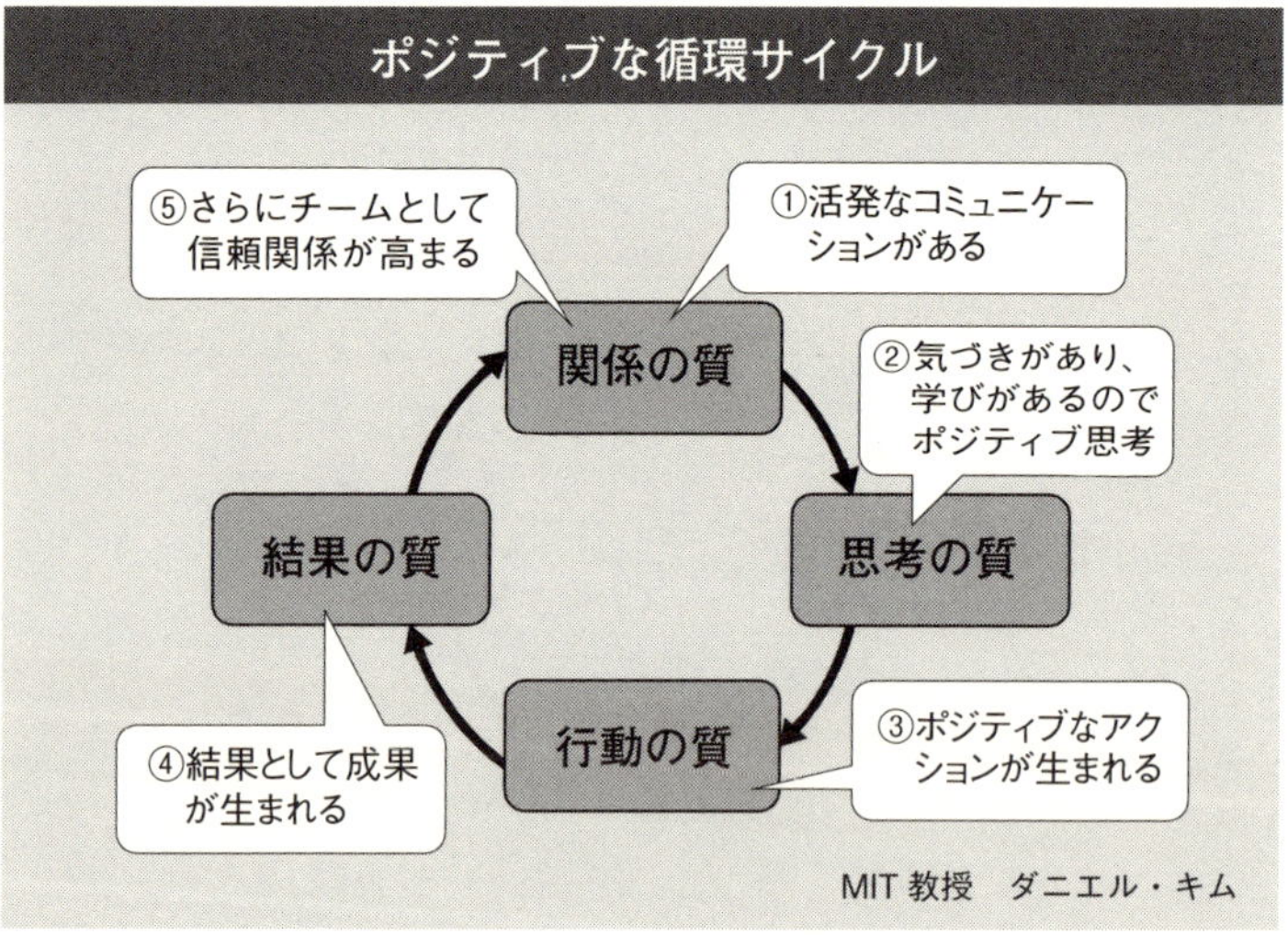
ポジティブな循環サイクル
⑤さらにチームとして信頼関係が高まる
①活発なコミュニケーションがある
関係の質
②気づきがあり、学びがあるのでポジティブ思考
結果の質
思考の質
行動の質
③ポジティブなアクションが生まれる
④結果として成果が生まれる
MIT 教授　ダニエル・キム

たり、自分の分野以外は手伝わないというように、〝我関せず〟という風土が生まれます。そうすると思考はネガティブになり、ネガティブな思考からは行動は生まれず、生まれても後ろ向きでディフェンシブな行動になります。そうすると結果も悪くなり、チームとしての関係の質もさらに悪くなるというサイクルです。

チェーン店の店長でしたら、当然店舗異動はつきものだと思いますが、もし業績の悪いお店に配属になった場合、まずは人間関係の質、コミュニケーションの質を観察してください。全てのスタートは、従業員の皆さまと信頼関係を構築することです。

其の二では、いかにして信頼関係を構築していくかにフォーカスしていきましょう。

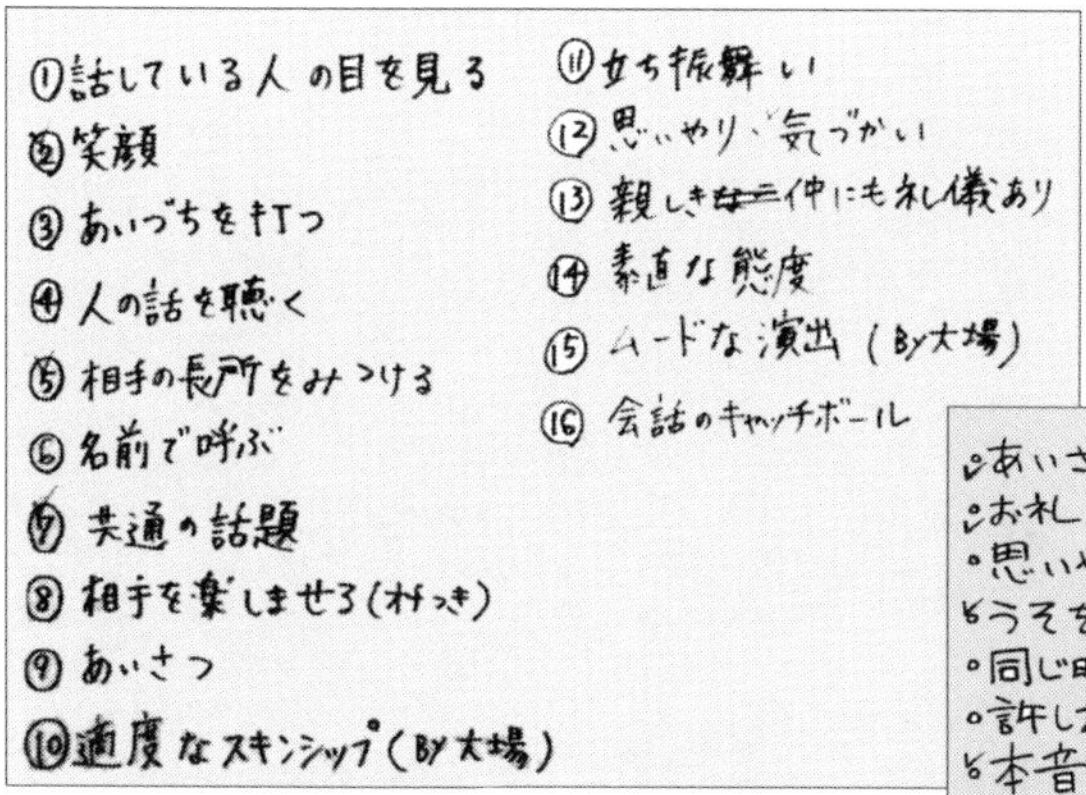
①話している人の目を見る
②笑顔
③あいづちを打つ
④人の話を聴く
⑤相手の長所をみつける
⑥名前で呼ぶ
⑦共通の話題
⑧相手を楽しませる（オチつき）
⑨あいさつ
⑩適度なスキンシップ（By大場）
⑪立ち振舞い
⑫思いやり・気づかい
⑬親しき仲にも礼儀あり
⑭素直な態度
⑮ムードな演出（By大場）
⑯会話のキャッチボール

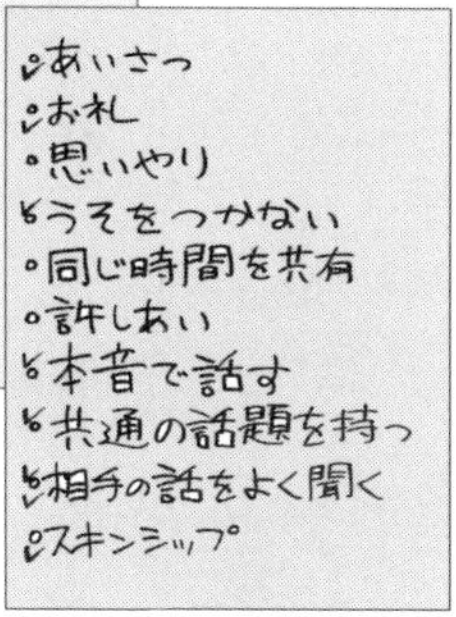
あいさつ
お礼
思いやり
うそをつかない
同じ時間を共有
許しあい
本音で話す
共通の話題を持つ
相手の話をよく聞く
スキンシップ

某広告代理店のディスカッション発表内容

其の二　まずは信頼関係を構築する

仕事柄、コミュニケーション研修を実施する機会は多いです。企業様と研修を実施する場合、単発で実施する場合は少なく、6回で一コースというようなケースが多いです。

いわゆる「現場リーダーコース」や「次世代リーダー育成コース」というケースです。

その場合、教育担当者の方と打ち合わせをするのですが、どの企業様もほとんど1回目は「コミュニケーション」になります。

それだけコミュニケーションの重要性を

認識されており、思ったほどうまくいってないのが実状なのです。

コミュニケーション研修では、まず初めに「良い人間関係を築くために、普段どんなことに気をつけていますか？」というディスカッションをします。

ブレーンストーミングで、出来るだけ多く出してもらいます。多く出してもらうために、普段からやろうと思っているけど出来ていないようなことも出してもらっています。

特に信頼関係を構築することにおいて、「これが正解！」というものはないのですが、必ず共通のテーブルで出るものは、非常に有効だと言えるでしょう。

よく共通で出るものから、いくつか解説します。

▼挨拶をする

基本中の基本です。もともと禅道から来ている〝挨拶〟ですが、「挨」には心を開く、「拶」には相手に迫るという意味合いがあるそうです。言いかえれば挨拶とは、「自分から心を開き、相手に迫っていくこと」と定義出来ます。

そうすると、挨拶のポイントは見えてきます。よくビジネスマナー研修でやりますが、挨拶の４つのポイントです。

（あ）→明るく、（い）→いつでも、（さ）→先に自分から、（つ）→続けて会話を是非、試してみてください。

▼名前を呼ぶ

この行為は特に新人に有効です。「中村さん、おはよう！」と先輩から挨拶されると、新人は自分が承認されていると認識出来るので、すごく嬉しいのです。

私の周りのコミュニケーションの達人たちは、必ず「名前＋挨拶」を実践されています。

▼笑顔で接する

考えてみてください。あなたは最近入ったばかりの新人です。あなたにはAさん・Bさんという二人の先輩がいます。Aさんはいつもニコニコ、Bさんはほとんど笑いません。仮に二人の能力は同等なら、どちらの先輩に相談しますか？　解説はいらないでしょう。

▼目を見て話をする

アイコンタクトは信頼を生み、相手との距離感を縮めます。今はわかりませんが、私のいた頃のマクドナルドでは、ハンバーガー大学（マクドナルドの企業内大学）に配属されると、米国の本社に行って「トレーナー・トレーニングコース」という研修に出席します。講師から「参加者と目を合わせたら5秒間ぐらいは目を合わしておきなさい」と訓練されたことを覚えています。ただ、日本人には5秒はきついので、3秒ぐらいは目を合わせるようにしています。そうすると不思議と参加者との距離感は縮まってきます。好きなアーティストのコンサートに行って「あ！ 私のほうを見て歌ってくれている」と嬉しくなった経験はありませんか？ そのとき、少し距離が縮まった感じがしたと思います。目を合わせて話すのが苦手という方は、眉間のあたりを見るといいです。相手はアイコンタクトがあると感じてくれます。

▼感謝の気持ちを言葉で表す

日本人は感謝の気持ちを口に出して表すのが苦手な国民です。感謝の気持ちが芽生えた際に「すみません」と恐縮してしまうのですね。別に悪いわけではないのですが、感謝の気持ちが芽生えた際に「ありがとう」と素直に言うようにしましょう。特に「当たり前のことを当たり前にやってくれたこと」に対して「ありがとう」と言うと効果的です。例えば居酒屋に行ってビールを注文して持ってきてくれたときに「ありがとう」と言いますか？

言えばその後のサービスは少し良くなるかもしれません。ビールを持ってくるという行為は従業員としては当たり前なのですが、その当たり前の行動を感謝されると、人はまたその行為を繰り返しますし、もっと喜んでもらいたいという気持ちが芽生えます。是非、従業員の方の当たり前の行為に対して、当たり前に「いつもありがとう」という感じで感謝の気持ちを表しましょう。

▼〝ゴールデンルール〟に従う

最後に、これはマクドナルドにおける信頼関係を構築する基本ですが、「ゴールデンルールに従う」というものがあります。「ゴールデンルール（黄金律）」とは、聖書などにも謳われている「己の欲するところを、人に施せ」、つまり「自分がしてほしいように相手を扱いましょう」ということです。言いかえれば、「自分がされて嫌なことは、相手にもしない」ということです。自分が部下のときの気持ち、新人のときの気持ちを思い出して、相手に施してあげましょう。

解説した以外にも、「約束を守る」「思いやりを持つ」「嘘をつかない」などはよく出てきます。信頼関係を築くための第一歩は、「人づき合いのエチケットを守る」ということではないでしょうか？　其の三では、信頼関係をいかにして深めていくかにフォーカスしていきましょう。

其の三 〝信は力なり〟目標の共有と信頼とリスクの螺旋

私はこう見えても実はスポーツマンでした（皆さまからどうイメージされているかわかりませんが）。小さい頃はプロレスラーにあこがれ、学生時代は空手やラグビーをやっていました。ラグビーというスポーツは一チーム15人でやるスポーツなので、特にチーム内の信頼関係が重要なスポーツです。ラグビーをモチーフにしたスポーツドラマはいろいろありますが、私が好きだったのは「スクールウォーズ」です。不良ばかりでどうしようもないラグビー部に、山下真司扮する元日本代表のフランカー・滝沢賢治が監督に就任し、部員たちと襲いかかる様々なリスクを一緒に乗り越え、七年後に全国制覇するというサクセスストーリーです。この中で滝沢監督がよく口にする言葉に〝信は力なり〟という言葉があります。

出所ははっきりしませんが、こんな話を耳にしました。孔子が国を治めるのに必要なものは何かと聞かれ、「兵」「食」「信」と答えました。その中で最初に捨てるとしたら何を捨てるかと聞かれ、「兵」と答えました。さらに、二番目に捨てるとしたら何を捨てるかと聞かれ、「食」と答えました。「信」があれば民から信頼されて「食」が集まります。「食」が揃えば「兵」が集まります。最初に「信」を捨てることは「兵」と「食」も捨てるのと同じことで、「信」がなければ国が破れても取り返すことは出来ません。

つまり、「信」があるからこそ戦力が揃うということです。ここでも信頼関係こそ全てのスタートであるということが説かれています。

では、どういう場面で信頼関係は深まっていくのでしょうか？

コミュニケーション研修の中で、「皆さんには親友がいると思います。どういう経過で親友になりましたか？」とよく尋ねます。次のような答えが返ってきます。

・学生時代の部活の仲間　→　一緒に辛い合宿を乗り切ったから
　　　　　　　　　　　　　　同じ目的を持って辛い練習をした
　　　　　　　　　　　　　　同じ目的を一緒に達成出来た
・幼なじみ　→　長い期間一緒に過ごしている
・共通の価値観を持っている　→　同じ趣味、同じ行動特性がある
・喧嘩をした　→　腹を割って言いたいことを言い合った

・相手の相談に乗った　↓　殴り合った
親身になって相談に乗った
同様の悩みを自分も抱えていた

他にも出ますが、この意見の共通項を探っていくと、信頼関係を深めるには、次の事柄が有効です。

1、長い時間を一緒に共有する
2、リスクを一緒に乗り越える
3、同じ目的に向かい行動する
4、共通の価値観を持つ

まとめると信頼関係を深めていくには、共通の目的・目標を共有し、リスク（店舗に置き換えると問題点や課題）を一緒に乗り越えると信頼関係は大きくなり、幾度か繰り返すことにより信頼関係は強固なものとなるのです。

ただ、逆に約束を破ったり、必要以上に管理しすぎたり、責任転嫁や言動と行動の不一致などがあると、一瞬にして壊れてしまいます。

信頼関係は構築するには時間がかかるのですが、壊れてしまうのは一瞬です。

信頼関係を深める

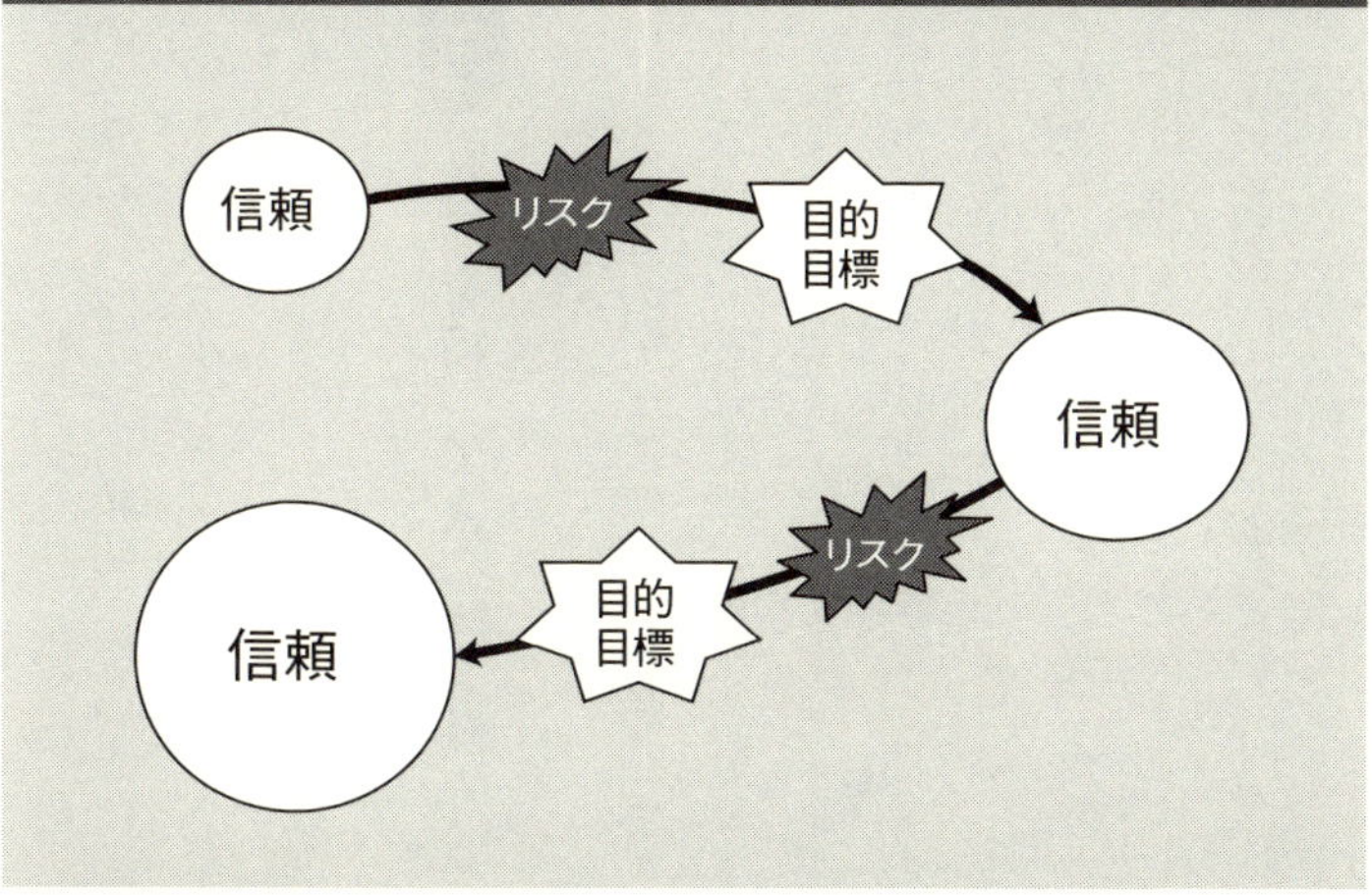

関係の質を高めるコミュニケーション

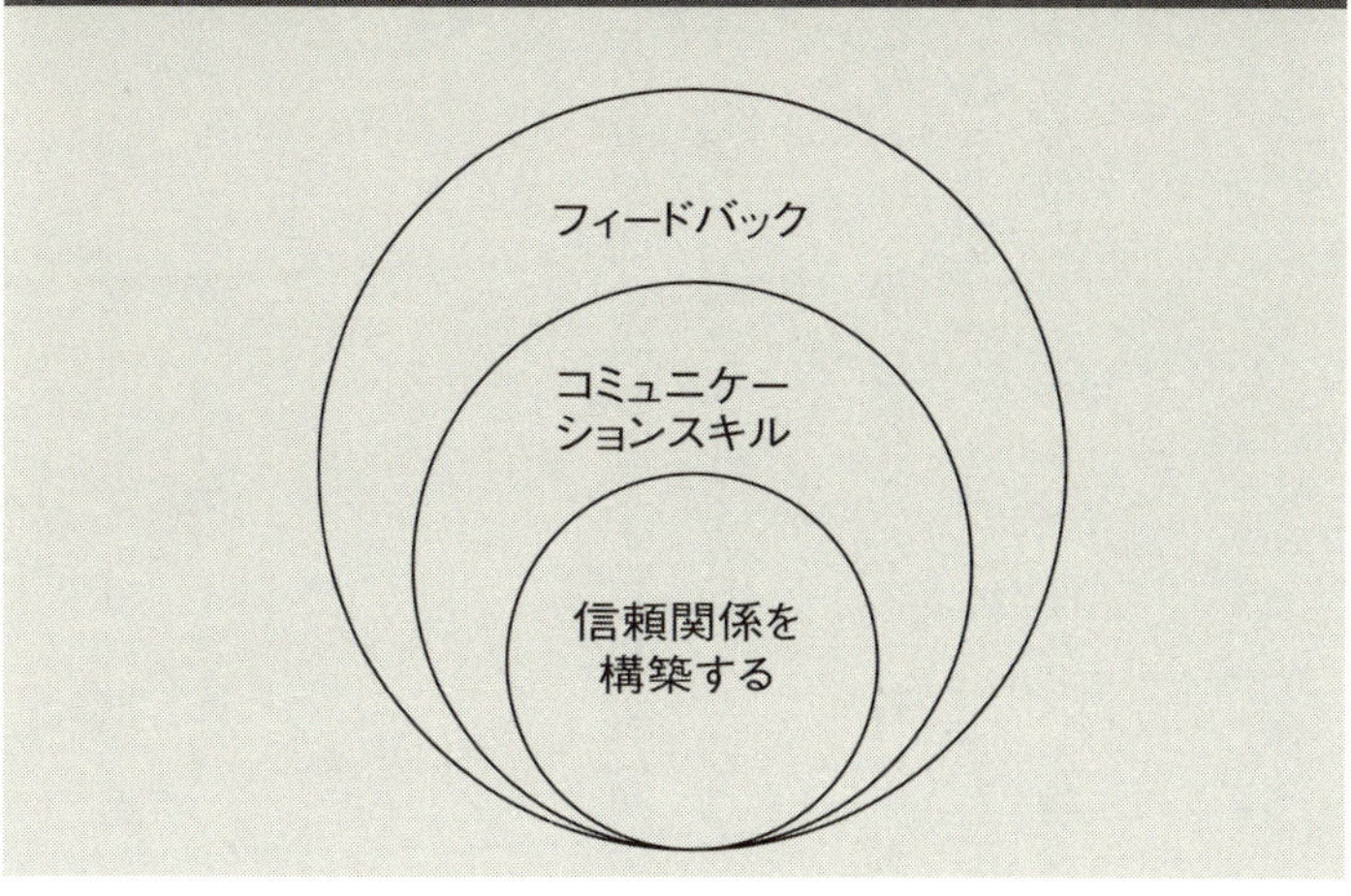

其の一から其の三で信頼関係をいかに構築するかを述べてきましたが、其の四、其の五では、コミュニケーションにおける聞き手と話し手のスキルをフォーカスしましょう。

其の四　共感を持って人の話を聴く

其の一から其の三までで信頼関係を構築することの重要性を話してきましたが、関係の質を上げるには、それだけでは不十分です。聞き手と話し手のスキルを身につけることにより、従業員とのコミュニケーションを円滑にしていくことが必要です。

まずは聞くスキルです。人の話を聞くのは本当に難しいと思いませんか？　特に店長のようにお店のトップになってしまうと、プライドが許さなかったり、話したり指示しているほうが楽しいとか、部下の意見だからという気持ちが芽生えたりして、なかなか最後まで聞くのは難しくなってきます。

次の文章を読んでみてください。

ある男が部屋で自殺をしました。ベランダの窓ガラスは割られ、部屋には二人の靴の跡が残っています。タンスの引き出しは開けっ放しで、通帳と印鑑は無くなっています。高級時計や宝石類も無くなっているようです。死体は血まみれで目をそむけたくなるような悲惨な状態です。

よく研修の中でやるのですが、参加者に目をつぶってもらい右記の文章を語ります。語った後に「この男は自殺？　または他殺？」と質問すると大抵の方が他殺と答えます。途中から他殺っぽい状況を語るので、そう思い込むのです。最初に自殺と言っているのですが。

人の話を最後まで聞ききるのは本当に難しいです。〝共感を持って人の話を聴く〟ことが大切です。共感とは相手の関心事に自分も関心を持つことです。「聴く」というのは、耳だけでなく、目と心も使って聞くということになります。「耳」＋「目」＋「心」を組み合わせると「聴く」になります。

ここでは具体的に共感を持って聴くスキルをいくつかご紹介します。特に店長と部下でありがちなシチュエーションで紹介します。

▼部下が話しやすいシチュエーションを演出する

例えば、店長と部下が評価のフィードバックをする機会を思い浮かべてください。おそらく、従業員やお客様の邪魔の入らない静かな場所でされると思います。

座り方はどうでしょうか？　対面で座っていませんか？　これは一種の対立姿勢ですので、左図右のような座り方をお勧めします。テーブルのコーナーを利用して、部下と90度の角度をつけて座ります。雰囲気が柔らかくなりますし、部下のほうも話しやすくなります。

▼ブロック姿勢で座らない

左に挙げた座り方はブロック姿勢です。コミュニケーションをブロックしてしまいます。

・脚を組む　・腕を組む　・椅子に浅く腰かけてふんぞり返る

無意識のうちにやってしまいがちなので、気をつけましょう。

▼トーンを調節する

部下の悲しい話や悩み事などを聞くときは、相手のトーンに合わせて低めのトーンにし

理想的なレイアウト

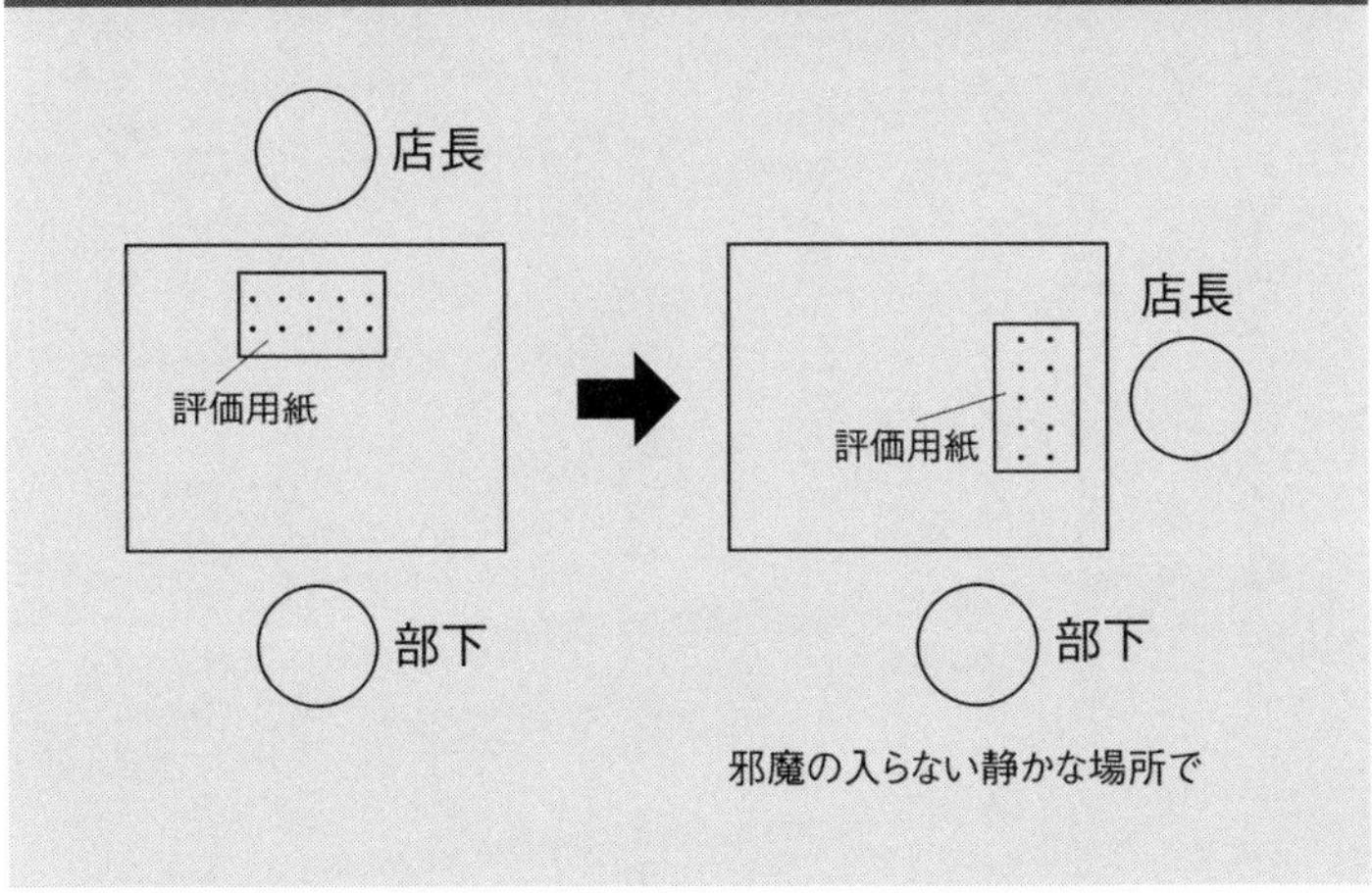

ましょう。逆に楽しい話を聞くような場合は少し声のトーンを上げましょう。

▼頷きを入れて聞く

聞き手が頷きを入れて聞くと、話し手の話は約1・5倍伸びるという実験結果もあります。相手の話の読点や句点の入るような文章の切れ目には頷きを入れてあげましょう。

▼積極的傾聴を心がける

話し手の話をオウムのように「繰り返し」たり、自分の言葉で「言いかえる」ことにより、話し手は聞いてくれていると実感します。また、時には「黙っている」のも有効です。

話し手としては「もう少し話さないと」という心理状態になり、多く語ってくれます。ただし笑顔で「黙っている」ことが大事です。ムスッとして黙っていると、かえって逆効果です。最後に「相手に質問をする」ことも忘れずに。自分が関心を持ったことや、話し手が強調して話している内容は、ただ聞くだけでなく質問して深く掘り下げていきましょう。本音に迫れます。

▼相手の話を途中で遮らない

相手が話し終わるのを待ってから話し始めましょう。

▼コップの水は均一に保つ

話し手（Aさん）と聞き手（Bさん）がいてコミュニケーションは成り立ちますが、お互いにコップを持っているとしましょう。AさんがBさんに話すと、Aさんのコップの水は減るので少し軽くなりますが、Bさんの水は増えるので少し重くなります。だから次はBさんがAさんに話すことで均一に保てます。ある程度均一に保つことを心がけましょう。上司と部下の会話をイメージしてください。上司が部下に一方的に話すシーンが浮かぶと思いますが、部下のコップの水は溢れっぱなしで、頭の中にはあまり残りませんし、気持ちも重くなるのではないでしょうか？　また悩みの相談も同様です。悩んでいる人は、自分ひとりでコップの水は満タンです。相談しに行って一方的にアドバイスされたら、水は溢れかえり、気持ちは余計に重くなります。まずは納得いくまで話をさせて、最後まで聞いてあげてください。ただ、聞くだけで良いのです。そうすれば、相談者は水が無くなり気持ちも軽くなって、明日から頑張ろうという気持ちになれるのではないでしょうか。

其の五では、コミュニケーションにおける、話し手のスキルにフォーカスしていきましょう。

其の五　従業員をポジティブにする話し方

店長になると人前で話す機会が非常に増えてきます。例えば従業員を集めてのミーティング、エリア内の店長会議、上司を前にしての評価会議など数えきれません。

一対一のコミュニケーションであっても、大勢を前に何かを伝えるにしても、ポイントはズバリ〝いかにポジティブにさせるか〟です。特にサービス業においては、従業員のモチベーションを高く保つうえでは、特にポイントです。

では、どうすればポジティブにさせることが出来るのでしょう？

それは、ポジティブな言葉を選んで話すことです。次にいくつかポイントを挙げます。

▼否定するのではなく、まずは受容する

こんな経験はありませんか？

部下「店長、今度のプロモーションですけど、こんなアイディアがあるのですが、どうですか？」

店長「駄目だね。そんな案ではお客様は満足してくれないよ」

部下「わかりました」

このように最初から否定されると部下としては次からアイディアを提案する気はどんどん削がれていきます。

研修でもこんなケースがあります。

講師「これに関して何か意見のある人はいますか？」

参加者「はい。私は〇〇〇だと思います」

講師「それはちょっと違いますね。他の方はいかがですか？」

こんな感じで講師にあしらわれると、発言した参加者は次から発言しなくなります。では、どうすればいいのでしょう。両方のケースで言えることは、店長も講師も次のように伝えると少しは変わってきます。

部下「店長、今度のプロモーションですけど、こんなアイディアがあるのですが、どうですか？」

店長「なるほど。そういうアイディアもあるね。他にも何かお客様のために出来ることはない？」

部下「わかりました。もう少し考えてみます」

講師の例にしても、こんな感じにしてはいかがでしょう。

講師「これに関して何か意見のある人はいますか？」

参加者「はい。私は○○○だと思います」

講師「はい。Aさんからこんな意見が出ました。この意見に関して何かありませんか？」

肝心なのは、相手の言っていることを、まずは受容することです。

臨床心理学者のC．R．ロジャーズ氏は、著書『クライアント中心療法』（保坂亨、諸富祥彦、末武康弘共訳、岩崎学術出版社、二〇〇五年）の中で、「無条件の肯定的配慮（受容）」が重要であると説いています。要約すると、クライアントの話を親身になって聞き、そこに評価的態度を持ち込まず、ありのままを受容することです。まずは相手の話をいったん受容して会話を進めていくと、話の内容がポジティブな展開に変わってきて、部下の気持ちもポジティブに変わってくるのです。

▼メタファーや経験談を話す

メタファーとはあるものを伝える際に違うものに例えて伝えることです。早い話がたとえ話です。特に難しい内容を伝えるときに有効です。

例を挙げれば、話の内容を組み立てるポイントを伝える際に、「話の内容を組み立てるうえで重要なのは、イントロ（導入部）、ボディ（内容そのもの）、コンクルージョン（まとめ）をはっきり参加者に伝えることだよ。漫才に例えると、（つかみ・ねた・おち）をしっかり伝えることだよ」というように、メタファーを使うと親近感が湧きます。

また、経験談を話すことで、部下との間に一種の〝あるある感〟が芽生えます。

その際の注意点としては、成功談よりも失敗談のほうが有効です。「ああ、店長も僕と同じような失敗をしてるんだ」と思ってもらうほうが距離感は近づくでしょう。その際にどうやって失敗を今後の成功に繋げたか等も話すとさらに効果的でしょう。

▼「WHY」よりも「HOW」「WHAT」を使う

皆さんの上司が店舗巡回に来ました。同じ内容の質問ですが、AパターンかBパターンの質問では、どちらがポジティブにとらえられますか?

A「最近売上が落ちているね。なぜ、落ちているの?」

B「最近売上が伸び悩んでいるね。何が売上を伸ばす障害かな?」

おそらくBパターンのほうでしょう。勿論「WHY」を使ってはいけないということではありません。むしろ原因の分析には、5回くらい「WHY」を繰り返したほうがいいでしょう。

ただ、「なぜ」を繰り返されると、部下は詰問を受けている感じになります。ポジティブな形で伝えるには、「なぜ」よりも、「何が」や「どうやって」「どうしたら」を使ったほうが有効でしょう。

▼意識してポジティブな言葉を使う

私はマクドナルドのオペレーションマネージャー時代、店舗巡回する際に、売上が好調な店へ行くと、「よく売ってるね！」と当然声をかけるのですが、「よく売れてるね」と「よく売ってるね」の違いわかりますか？「よく売れてるね」というと外部要因で売れている感じを受けます。「よく売ってる」は、内部要因、つまり店の努力で売上を伸ばしてる感じが伝わると思います。同じ内容でも意識してポジティブな言葉を選ぶことで、相手の気分は変わります。日本の首相の所信表明と、米国の大統領の就任演説を比べても全然違います。日本の首相の演説には「改善、努力、問題」というキーワードが多いので、何か気分が高揚しません。オバマ大統領の演説の中には「希望、夢、平和」というようなポジティブな気持ちにさせるキーワードが多いので、国民が熱狂するのでしょう。

是非、意識してポジティブな言葉を使いましょう。

其の六、其の七では、フィードバックを有効に使うことにより、従業員をさらにポジティブにし、関係の質を上げていくことにフォーカスしていきましょう。

其の六　当たり前のことを当たり前にフィードバックする

皆さん、この言葉は誰の言葉か知っていますか？

人はすごいことをやった人を、
　普通に褒めることは出来る。
しかし当たり前のことを、
　当たり前にやっている人を、普通の人は褒めることが出来ない。

この言葉、僭越ながら私が考えました。
とても大事なことだと思っています。私がマクドナルドの店長時代に、次のような経験がありました。具体的に褒めることで、人は伸びるというエピソードを紹介します。
当時、サテライト店にSさんという高校生のクルーが在籍していました。私の彼女に対する正直な人物評価は、「鉄仮面ののろまな亀」でした。笑顔は無いうえ、取り揃えも遅いのです。一般的にそのようなクルーに対しては、社員のトレーニングの関与も少なくなりがちで、成長が停滞していました。しかし彼女の誇れる点が一つあり、レジにおける現金差は毎日ゼロでした。現金差とは、レジに入力した金額と、受け取り金額の差額のことですが、彼女はいつもゼロでした。彼女に対して「Sさん、いつも現金差ゼロだね。これからも続けてね」と声をかけてみました。彼女は初めてニコリと嬉しそうな顔をして微笑みました。

それからも彼女に対して会うたびに、何か一つ良い点を見つけてフィードバックすることにしました。その後、少しずつですが笑顔も出るようになり、積極的に社員にトレーニングを申し出るほどポジティブなクルーに変貌し、翌年のオールジャパンクルーコンテストの接客部門で彼女は優勝しました。この瞬間涙が止まらなかったことを今でも鮮明に記憶しています。人は具体的に認めてもらうことで変われると確信した瞬間でした。

何もこれは具体的な承認だけが要因ではないと思いますが、具体的に承認を与えたことで、彼女の行動が変容したことは重要な事実であり、私にとっての自己肯定観に繋がっています。具体的に認められ褒めてもらった人は、その行動を繰り返したい、もっと高いレベルを目指したいという気持ちが芽生えるのです。特に「当たり前のことを当たり前にやっている人に対して、当たり前にフィードバックする」ことが大事です。

店長もキャリアを積んでくると、例えば入って半年くらいのパートならこれぐらいのレ

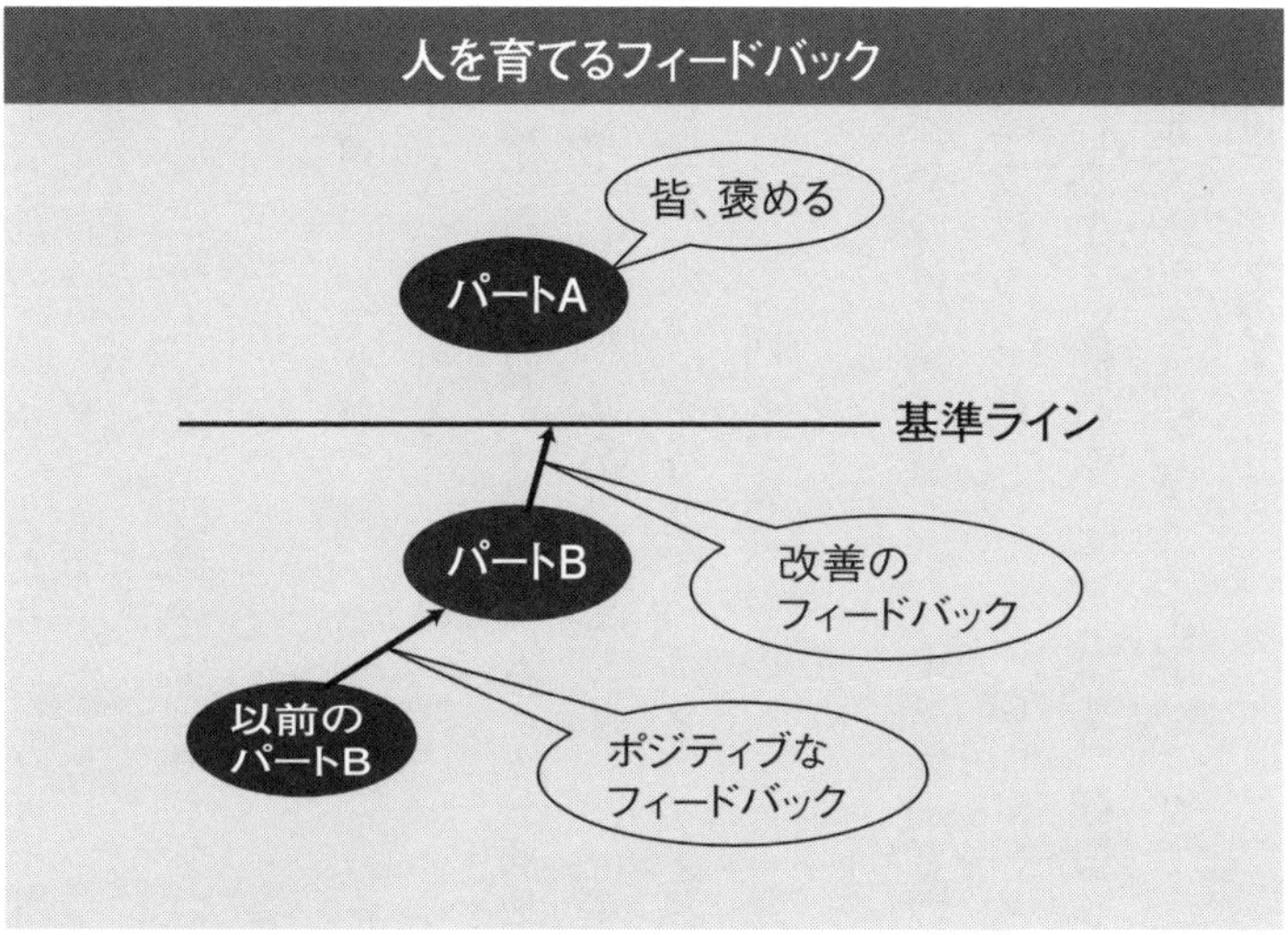

ベルだろうという見込みが出来てきます。半年経過したパートが、自分が思い描いている以上に成長した場合、当然褒めるでしょう。問題は、基準より少し低いレベルのパートです。勿論、基準に早く到達するようにトレーニングしたり、改善のフィードバックをすることは必要です。ただ、それだけでは不十分です。以前の状態からよくここまで成長したねと、認めてあげることが大切なのです。

フィードバックを受けたパートは、店長は私の成長を見ていてくれるという実感が湧き、信頼関係は増すことでしょう。逆に未到達の部分だけをフィードバックされると、劣等感を感じ、最悪のケースは退職という場合もあるでしょう。

当たり前のことを、当たり前にフィードバックするのは結構難しいものです。普段からの練習が必要です。

コミュニケーション研修の中でやっている、「いいですね」という演習を紹介します。

「演習：いいですね」

・3人一組になる
・最近行った良いことを一人、1分間他の二人に話す
・他の二人は、その話をよく聞いて、ポジティブなコメントを3つメモする
・他の二人は、1分間ずつポジティブと感じたことをフィードバックする
（3人が一回ずつ繰り返す）

3つ見つけるのは難しいです。参加者のほうは、結構困っている方がおられます。現場ではもっと難しいです。いっぱいスタッフがいるわけですから。ポイントは一人一人の行動をよく観察することです。観察していないとフィードバックは出来ません。是非、ポジティブなフィードバックで、従業員の皆さんのやる気と良い行動をいっぱい引き出してあげましょう。

其の七　自分をさらけ出し、人からフィードバックしてもらう

皆さんは、ジョハリの窓って聞いたことがありますか？

1955年にジョセフ・ルフト氏とハリー・インガム氏が提唱された「対人関係における気づきのモデル」です。


このモデルから言えることとして、自分をさらけ出すことで「プライベートの自分」が小さくなり、「公の自分」が大きくなります。そして、「盲点」を小さくして「公の自分」を横にも押し広げると、「未知の可能性」の領域、言いかえれば自分の未知の可能性の領域に踏み込むことが出来るのです。新しい気づきが生まれる瞬間でもあります。

では、どうすれば「盲点」を小さくすることが出来るのでしょう。

それは、他人からフィードバックしてもらうことです。しかしながら自分をさらけ出さないで、自分の殻に閉じこもっていては、なかなかフィードバックはしてもらえません。

勇気を出して自分をさらけ出し、他人からフィードバックしてもらい、未知の可能性を

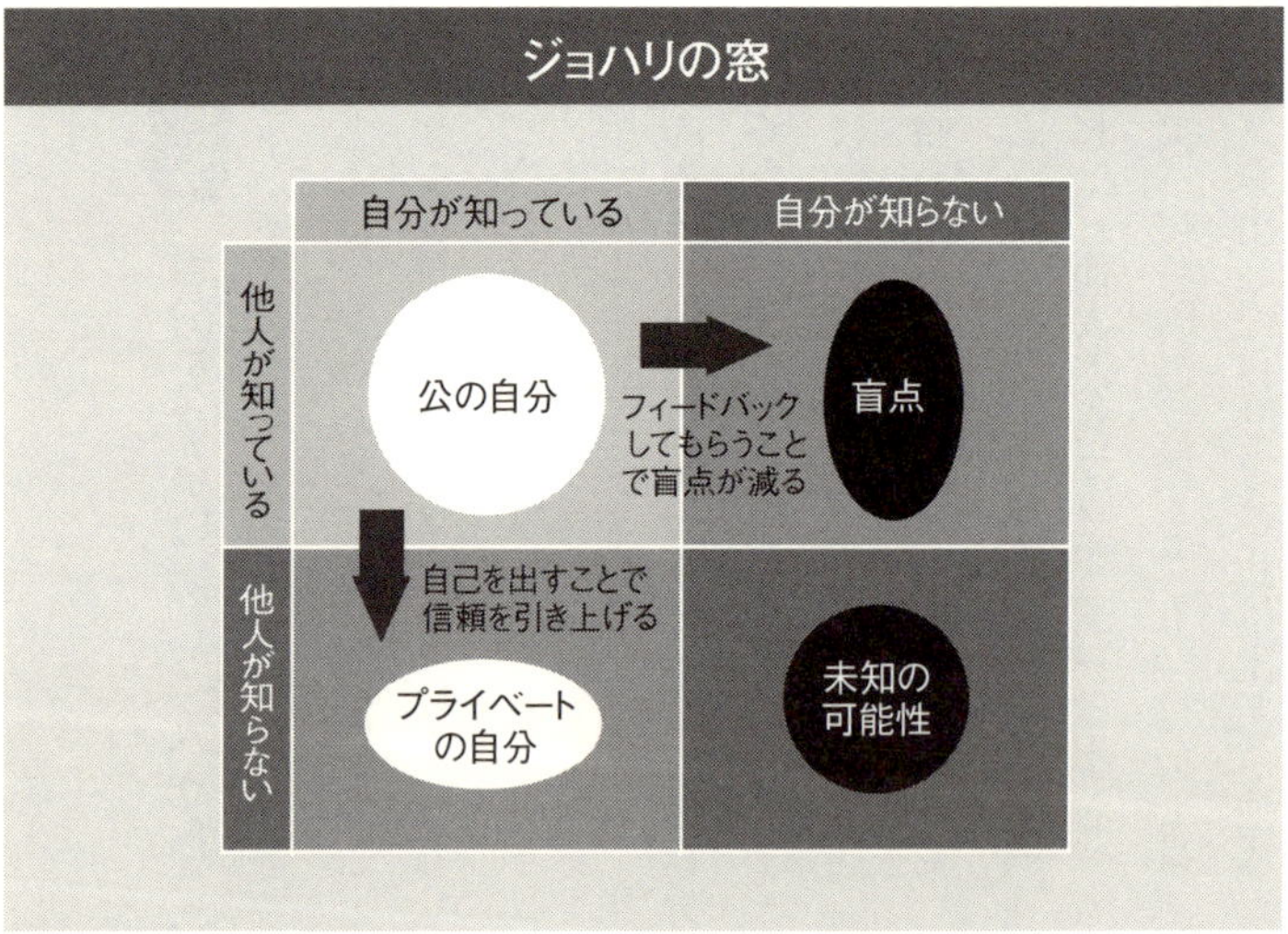

広げていきましょう。

研修においてもバディ制度という仕組みがあります。理想的な研修は、二人の講師で研修を行うことです。一人が講義している間、もう一人の講師は、講義の内容を客観的に観察したり、参加者の反応を観察します。その結果を、講義している講師にフィードバックしてあげるのです。自分でも気づいていない癖や、参加者の扱いなど、とても参考になります。

例えば巷でブレイク中の「ＡＫＢ48」においても、このフィードバックをとても大切にしています。スタッフは劇場によく足を運ぶそうです。何を観察しているかというと、メンバーのパフォーマンスよりも、お客様の生の反応を観察しているのです。

お客様の生の反応とは、まさしくお客様からいただくフィードバックそのものです。その結果、盛り上がった内容に、さらにイノベーションを加えて、ステージを常に最高のクォリティーに保つようにしているそうです。

このジョハリの窓は、チームにも置き換えることが出来ます。本章其の一で説明した「成功循環モデル」の良い循環を思い出してください。まずは部下と信頼関係を構築して、活発なコミュニケーションが行われると、言いたいことが安心して自由に言える環境、話を聴いてもらえる環境、仕事に打ち込める環境が生まれてきます。そこで多くの事実、データ、意見、感情など、フィードバックが交換されることにより、多くの気づきや学び、共感からポジティブな思考が生まれてきます。思考の質が高まるのです。ポジティブな思考からはポジティブな行動が多く出現します。最終的に結果の質が高まるのです。結果の質が高まれば、チームとして喜びや達成感が生まれ、さらに関係の質が高まるという成功の循環サイクルが確立するのです。

この章をまとめると、チームワークを醸成するうえで店長がまず実施すべきことは、部下との人間関係を構築し、コミュニケーションを活発にさせ、フィードバックを皆で実施し合える環境を構築していくことです。いくら話し手のスキルや聞き手のスキルを磨いたり、フィードバックする習慣を身につけても、一番はじめの人間関係が構築出来ていなければ全く意味を持ちません。まずはご自身のチームの人間関係を確認してみましょう。

第二章　オン・ザ・ジョブ・トレーニングの巻

其の一　トレーニーの気持ちとトレーナーの気持ちを知る

私は「ＯＪＴ（On the Job Training）研修」の中で、こんなエクササイズをよくやります。

「輪投げ」です。やり方としてはこんな感じです。

① 二人一組になる。

② ＡさんとＢさんを決める。

③ Ａさんが輪を投げて、Ｂさんが拾ってＡさんに輪を手渡す。

この内容を繰り返すわけです。でも冷静に考えてください。これって面白いですか？

実は単なる輪投げではないのです。Ａさんに目隠しをしてもらって輪を投げてもらうのです。結構、盛り上がりますよ。1分×4セットするのですが、ここでも少し工夫をします。

1回目：Bさんは黙って輪を、Aさんに手渡す
2回目：輪が通らなければ、BさんはAさんを罵倒する
3回目：輪が通れば、Bさんは大拍手をする
4回目：Bさんは輪が入ったら一緒になって喜んだり、具体的にいっぱい入るようにフィードバックをする

このエクササイズは、勿論Aさん、Bさん両方体験してもらいます。その後、参加者に質問します。「Aさん役のとき、どんな気持ちでした？」「Bさん役のとき、どんな気持ちでした？」

（よく出るAさん役の感想）
・1回目：入っているのか、入ってないのかわからないので不安だった
・2回目：だんだん気持ちが滅入ってきた。腹が立った
・3回目：拍手してもらえるのが嬉しい
・4回目：具体的にフィードバックがあったので、一番多く通せた。Bさんが一緒になって喜んでくれたのが励みになった　他

（よく出るBさん役の感想）
・1回目：無言で渡すのはつらい。フィードバックしたい
・2回目：罵倒するのは気が引ける。通ったときは、声をかけたい
・3回目：Aさんが通せると同じように嬉しい
・4回目：自分のフィードバックで通るようになると嬉しい。手をとって教えてあげるともっと入ったかも
・1～4回目共通：はっきり言ってしんどい（拾ってはすぐにAさんに届けるため）
他

もうおわかりだと思いますが、AさんはOJTにおけるトレーニー（トレーニングを受ける側）で、BさんはOJTにおけるトレーナー（トレーニングを施す側）です。エクササイズを通じて、トレーニーとトレーナーの気持ちを体感してもらうのです。

トレーニーの立場で考えると、1回目のシーンというのは、教えてもらったことをやっていても、うまく出来ているのか、出来ていないのかフィードバックがなく、不安な状態です。2回目のシーンは、失敗したときだけ叱られるという状況です。3回目のシーンは、褒めてもらって嬉しいのですが、もう少し具体的にフィードバックが欲しい状態で

す。4回目は、どこが出来ていて、出来ていないかを具体的にフィードバックしてもらえて、かつ一緒に喜んでもらえる状況です。

私たちは長い間トレーナーを務めていると、知らず知らずのうちに、トレーニーの気持ちを忘れてしまっています。自分が新人のときのことを思い出してみましょう。やっぱり最初に教えてもらったトレーナーの印象はとても強く記憶に残っていると思います。あくまでもトレーニーの気持ちを考えて、ＯＪＴを実施しなければいけません。

トレーナー役の感想で、「しんどい」というのがありましたが、そのとおりトレーナーはしんどいのです。トレーニーからすると、トレーニーとトレーナーの関係は一対一ですが、トレーナーからすると一対複数です。同じことを何回も繰り返し教えるので忍耐力が必要なのです。

そもそもトレーニングの語源は、「トレイン」電車です。電車というのはあらかじめ線路が敷いてあり、その上を走るわけです。トレーニングの現場に置き換えると、トレーナーがトレーニーという電車をうまく走らせるために、線路を整備したり、時速を調整したりするのです。つまりトレーニングとは、「決められたことを決められたとおりに教えてあげること」なのです。

其の二以降で、トレーナーにはどんな責任があって、どんな役割があるのかを見ていきましょう。

其の二　まずは職人であれ

私はある大手流通企業の二年目研修を担当しています。そこでよくこんな質問を受けます。

「これから会社で生きていくうえで、どんなスキルや知識を身につけるといいですか？」というような質問です。例えばグローバルに展開している企業でしたら英会話能力や、営業に携わる人ならコーチングスキル等、いろいろあると思いますが、私は迷わず「ビジネスリテラシー」と答えます。リテラシーとは読み書きの能力という意味ですが、ビジネスリテラシーとは、平たく言えば、会社を使いこなす能力だと言えるでしょう。つまり自分の会社がどういうビジネスを展開して、利益をあげているのか、社会に貢献しているのかを知りつくすことが大事です。もっと言えば、自分の会社のオペレーションにとことん精通することが大事なのです。私はサラリーマン時代、一番苦手としていた上司は、とにかくオペレーションに強い上司です。現場に精通しているので、自分が不安に感じていると

ころはすぐに突っ込まれたことを思い出します。これはトレーニングを実施するトレーナーにも言えることです。教えるべき作業に精通していることが大事であり、熟練が求められます。

一つ目の条件として、常に正しい手順で、かつ一定の基準以上のレベルでオペレーションを実施する能力は必要でしょう。私は十五歳のときにマクドナルドでクルーを始めましたが、初めて肉を焼くオペレーションを教わったトレーナーのスキルに驚きました。今はオートメーション化されていますが、当時は手作業でお肉を両面焼きます。ある秒数で片面を焼いたら、お肉をひっくり返すのですが、トレーナーの動きが速すぎてまるで魚が泳いでいるようでした。トレーナーのそういうスキルを見ることが、自分もうまくなりたいとトレーニーが感じる瞬間です。

勿論、正しい手順で常に実施しなければいけません。尊敬しているトレーナーが、率先して楽をするために、手順を省いてしまったりすれば、すぐに真似してしまいます。トレーナーの行動は、リーダーとしての範を垂れるものでなければなりません。

二つ目として、なぜその手順でオペレーションをするのかを説明出来ることが必要です。

トレーニーから、「どうしてこういう手順でやるのですか？」「なぜ○○秒でひっくり返すのですか？」というような質問があった際にトレーナーから、「マニュアルで決められているから」では、ちょっと頼りないですね。オペレーションに強いというのは、スキルだけが高いというのではなく、しっかりとした知識を兼ね備えることも大事です。

要は、職人であれというのは、高いオペレーションスキルと豊富な知識を持ちましょうということです。基本的に現場のオペレーションにこそビジネスのヒントがあるのです。「どうすれば従業員はもっと満足してくれるのだろう」「お客様の満足度を上げる障害は何だろう」「売上を伸ばすには、何が必要だろう」「どんな無駄が介在しているのだろう」など、オペレーションにこそビジネスの視点があるのです。まずは職人となり、自分の腕を磨くことです。

其の三　教え上手であれ

教え上手に定義はありません。トレーニーがどう成長するかがそれを示していると思います。

これは私の例ですが、前述のマクドナルドで肉の焼き方を教えてくれたトレーナーは、私にとって教え上手で優秀なトレーナーでした。

まず、教わる前にこんなやり取りがあります。

高田さん「中村君、おはようございます。今日、ミートのオペレーションを教える高田です。よろしくお願いします」
中村「中村です。よろしくお願いします」
高田さん「中村君、今日のゴールは一人でミート6枚を正しい基準で焼けるようになることです。決して難しくないです。一緒にやりましょう」

たったこれだけのやり取りだけでも、高田さんは私の心を摑んでいます。

最初に、「中村君、おはようございます」と私の名前を呼んでから挨拶してもらっています。

この挨拶で、トレーニーである私は高田さんに名前を覚えてもらっていると嬉しくなります。その後、高田さんは、「今日のゴールは一人でミート6枚を正しい基準で焼けるようになることです」と、今日一日で何を習得するかを明確にしています。最後に素晴らしいのは、一緒に頑張りましょうと、教えるという立場にもかかわらず、私と同じ目線で支援してくれる姿勢を示してます。マクドナルドでは、トレーナーとトレーニーが肩を合わせて一緒に頑張るような状況を、「ショルダー・トゥ・ショルダー」と呼んでいました。

次に高田さんとのやり取りはこんな感じです。

高田さん「まずは私がミート6枚を焼きますので、中村君は横で見ていてください。難しいなと思ったところや、よくわからなかったところは後で質問してください」

中村　　「はい、わかりました」

まずはお手本を見せてくれるのです。そのときミートをひっくり返す様子が、前述したように魚が泳いでいるように鮮やかだったのです。その後の質問にも、トレーニング教材を使いながら、理路整然と説明してくれます。

次はいよいよ私がやる番です。こんなやり取りがあります。

高田さん「では中村君、やってみようか。最初から全部は無理だから、まずはシアーだけをやりましょう。それ以外の作業は私がやります。シアーはミートに焦げ目を付ける作業です。しっかり焦げ目を付けておかないと、ターンした後肉汁が逃げてしまうのです。じゃあシアーをやってみよう」

中村「わかりました」

ここでのポイントは、初めから全ての作業をさせるのではなく、手順ごとに一つずつ教えるところです。緊張しているトレーニーに、必要以上の説明や、多くの作業をやらせても身につきません。まずは少しずつ実施させて、成功体験を味わわせることが大事なのです。シアーをやり終えると、こんなやり取りがあります。

高田さん「中村君、焦げ目の付き具合はいいですね。さすが太い腕をしているだけありますね。ただ、3本の指でシアーしていますが、5本の指を使ってやると、さらに均等に付きますよ。今度は5本の指を使ってトライしてみよう」

中村「ありがとうございます。わかりました。次は5本の指を使って、やってみます」

ここでのポイントですが、まずは最初にポジティブなフィードバックをしてくれています。

その後に、「なんで5本の指でやらないの」という表現ではなく、「5本の指でやると、さらによくなりますよ」と、改善ポイントをポジティブな表現でフィードバックしてくれています。そうなんです。高田さんはいつもポジティブなフィードバックをしてくれるので、緊張することなく、リラックスした環境でトレーニングしてもらえるのです。高田さんは私の最高のトレーナーでした。

其の四　トレーニーの模範であれ

もう十年ほど前のことですが、こんなことがありました。マクドナルドで店舗を統括する仕事をしているときの話です。マクドナルドのクルーは、全般的に高校生や大学生、フリーターと若い人の比率が高いのですが、それゆえ芸能人の影響を結構受けやすい傾向があります。当時のスーパースターとしては〝浜崎あゆみ〟が全盛でした。当然、浜崎あゆみはファッションリーダーになるわけですが、当時は金髪に近い茶髪にしており、世の高校生たちの髪の色は、だんだん明るくなるわけです。マクドナルドのクルーの髪の色も明るくなりはじめ、対策として10段階に分けられた髪色のサンプルを全店に用意しました。

ある日店舗巡回をしており、ある店舗の休憩室を訪問したところ、たまたま店長が面接をしていました。面接に来ていた女の子の髪色は少し明るめでしたが、店長は納品されたばかりのサンプルを見せ、「この色より黒くしてくることは出来るかな？」とさっそく使って面接をしていました。その女の子も働き始めるまでに黒くしておきますという約束で採用になりました。その後、店長と一緒に店を見に行ったのですが、ビックリしました。レジは4台開いていたのですが、4人の〝浜崎あゆみ〟が並んでいました。新しく採用した新人が、髪を黒くして出勤しても、先輩たちが茶髪では納得いかないですよね。

これでもし店長が茶髪だったら、どうなることでしょう。

これは極端な事例ですが、トレーナーはトレーニーの模範になるべき行動が求められます。店舗の規則やポリシーは率先して守らないといけません。例えば手洗いは、30秒間肘から下を、専用の手洗い洗剤を使ってもみ洗いするのですが、トレーナーが適当に洗って、「おはようございます」と店舗インすれば、おそらくトレーニーも真似するでしょう。逆に、トレーナーである先輩がしっかり実施していれば、トレーニーにも浸透していくでしょう。身だしなみや、時間管理、言葉遣いなどは意識する必要があります。

言葉遣いに関しては、特に気をつける必要があります。店長と従業員という関係性ではありますが、長く一緒に働いていると言葉遣いは当然フレンドリーになってきます。「〇〇さん、氷補充して」「〇〇さん、後ろから〇〇持ってきて」という感じです。別に店長と従業員の間では問題ない会話です。ただし、客商売ということを忘れてはいけません。目の前にはお客様がおられるのです。仲間うちのような口調ではなく「〇〇さん、氷を補充してください」など、依頼の意を表す言い方でないといけません。年配のお客様は、不快に思われるかもしれません。

先ほどの茶髪の事例に対しても、髪の色を染めるのは個人の自由です。しかしながら、マクドナルドは若いお客様だけではありません。茶髪や長く伸びた爪を不快に思われるお客様もおられます。もしどうしても、茶髪にしたいのであれば、茶髪でも違和感のない業種にいくしかありません。トレーニーに対して、模範となること。これはトレーナーの重要な責任の一つです。

其の五　トレーニーのコーチであり、カウンセラーであれ

ここまででトレーナーとしての責任と役割としては、まずは職人であること、そして教え上手であること、トレーニーの模範であることを強調してきました。最後は、良きコーチとしてトレーニーを支援し、カウンセラーとして良き相談役であることです。

ここでいうコーチとは、トレーニーが働きやすい環境を整えたり、成長を支援する役割です。励ますこともコーチの役割の一つです。

コーチの役割は花を咲かせるのに似ています。例えば、チューリップの球根をその辺りの土に植えたとします。たまたま日当たりがよく、水分も十分補給出来るような優良な土に根付けば、咲くかもしれません。ただし、一度は咲いても、翌年咲くことはまずないでしょう。本来であれば、鉢に入れて、日当たりの良い場所に置いて、定期的に水をやって育てるでしょう。鉢に入れて、水をやったり、日当たりの良いところに置くのがコーチの役割でしょう。ただし、花は最終的には自分の力で咲くのです。コーチの役割は、花が咲くための障害を取り除くことなのです。

あと、話しかけるのも良いらしいです。面白い実験結果があります。同じ条件下で球根

を植えた鉢を3つ並べました。Aの鉢は、毎日水をやるときに「大きくなったね」「今日も頑張れよ」と声をかけます。Bの鉢は水をやるときに罵倒したり、悪口を言ったりします。Cの鉢は声をかけずに水をやります。さて、どれが一番最初に咲いたでしょう。

本来であればAといきたいところですが、咲くスピードにほとんど差はなかったそうです。ただし、興味深いのは、Cが一番初めに枯れたそうです。この結果をトレーニーに当てはめるのは強引かもしれませんが、どこが出来ていて、どこを改善すべきかをフィードバックするのは大切です。何もフィードバックが無いのが、トレーニーは淋しいのです。コーチの役割として一番大切なのは、トレーニーの行動を改善し、正しい手順で実行出来るよう支援することです。

また、カウンセラーとしての役割もあるでしょう。すくすくと伸びるトレーニーばかりではありません。小さな失敗を悩んでいたり、叱られたことをずっと引きずっていたり、人間関係で悩みを抱えていたり、学校との両立が思うようにいかない等、多かれ少なかれ悩みを抱えているものです。当然、トレーニーによって

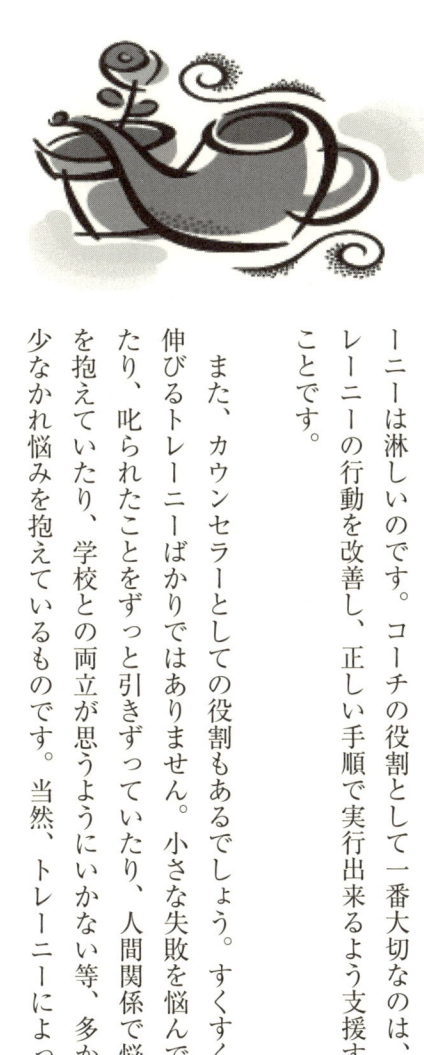

悩みは違います。時々は聞いてあげてください。なかなか、自分から悩みを打ち明けることは出来ません。トレーナーから、「何か、悩んでいることはない?」「何か、僕に手伝うことはある?」「最近、どう?」と、時々は聞いてあげてください。表面的なことだけを聞くのではなく、効果的に質問をして、真の原因を聞きだしてあげましょう。

其の六　ＯＪＴにおける４段階のステップを実践する

私たちの先人は、本当に名言を数々残されています。私の特に好きな言葉は、上杉鷹山公の「なせばなる　なさねばならぬ何事も　ならぬは人のなさぬなりけり」です。同じような言葉で、私の大先輩で尊敬する長嶋茂雄氏の「バットを振らなければ、何も起こらない」という言葉も好きです。両方とも、行動を起こさなければ、何も始まらないということでしょう。

教えるということに関してもいろいろな名言が残されています。中国の思想家の老子は「人に魚を与えれば一日は生きられる。人に魚釣りを教えれば一生生きられる」トレーニングの重要性を感じさせるには十分すぎる格言です。他にも名言は数多くありますが、その中でもトレーニングという観点では、山本五十六氏のこの言葉ほどＯＪＴのポイントを踏まえた名言はありません。

「やって見せて、言って聞かせて、やらせて見て、ほめてやらねば人は動かず」

この言葉をトレーニングに当てはめてみると、４段階に分けることが出来ます。まずはトレーニングを始める前の「準備」という段階、次にトレーニーにやってみせて、言って聞かせるという「提示」の段階、次はさせてみるという「実行」の段階、最後は褒めるという「評価」の段階です。まとめるとこうなります。

第一段階：準備
第二段階：提示
第三段階：実行
第四段階：評価

一つずつポイントを見ていきましょう。

▼準備

この段階では、トレーニーの不安を解消することが大事です。緊張や不安をほぐすために、優しい言葉遣いや、穏やかな表情で接しましょう。もう一つのポイントは今から教わることは楽しそうだなと感じさせることが重要です。学ぶ理由をしっかり説明して、トレーニーの知的好奇心を煽って、今からやることは楽しそう、早くやってみたいと感じさせることが出来れば、しめたものです。

▼提示

この段階は、トレーナーがトレーニーにお手本を見せます。ポイントは、説明は簡単に、作業を短く区切って、近くでトレーニーに作業を見せることとです。入ったばかりのトレーニーが一度に多くのことを覚えるのは困難です。ワンステップずつやって見せましょう。一つ注意点としては、トレーナーは同じことを、多くのトレーニーに教えます。ゆえに、雑な提示になることも考えられます。トレーナーからすれば一対多数ですが、トレーニーからすれば一対一です。忍耐強く提示しましょう。

▼実行

いよいよトレーニーにやってもらいます。まずは、なぜそうするのかを教えてから実行させます。実行が終わったら、すぐに間違ったところは訂正しましょう。「鉄は熱いうちに打て」です。トレーニーに実行させているときは、トレーナーが「私がついていますよ」という感じの安心感を与えましょう。

▼評価

最終段階では、トレーニーが本当に一人で出来るのかを確認をします。確認したうえで、どこが出来ていて、どこが出来ていないかをフィードバックします。そのうえで出来ているところは、ややオーバー目に、かつ具体的に褒めましょう。人は具体的に褒められると、褒められた行動をまた繰り返します。さらに「今度はここを褒めてもらおう」と向上心が生まれます。

其の七　ＯＪＴの肝は〝目標設定〟と〝見極め〟である

皆さん、自動車学校を覚えていますか？　私はもう三十年近くも前の思い出ですが、正直あまり良い思い出はありません。いつも隣に座った教官から怒られていた印象が強いからです。

（まあ、私の問題だと思いますが……）私の頃は、４段階に分かれていて、第三段階を終了して、修了検定に合格すると、第四段階から路上教習が始まるという流れだったと思います。実は自動車学校こそ、ＯＪＴの見本となる要素がいっぱい詰まっているのです。

まずは、目標がはっきりしていることです。今日一日は何が出来るようになるかを教官から説明されるので、今日やることがイメージ出来ます。加えて教習の最後に教官から見極めという形で印鑑を押してもらいます。そして、トラッキングします。トラッキングすることによって、次に違う教官が見ても、進行状態がわかるように可視化するのです。このプロセスがＯＪＴにはとても大事なのです。

ＯＪＴの肝をまとめると、次のようになります。

チェックリストの一例

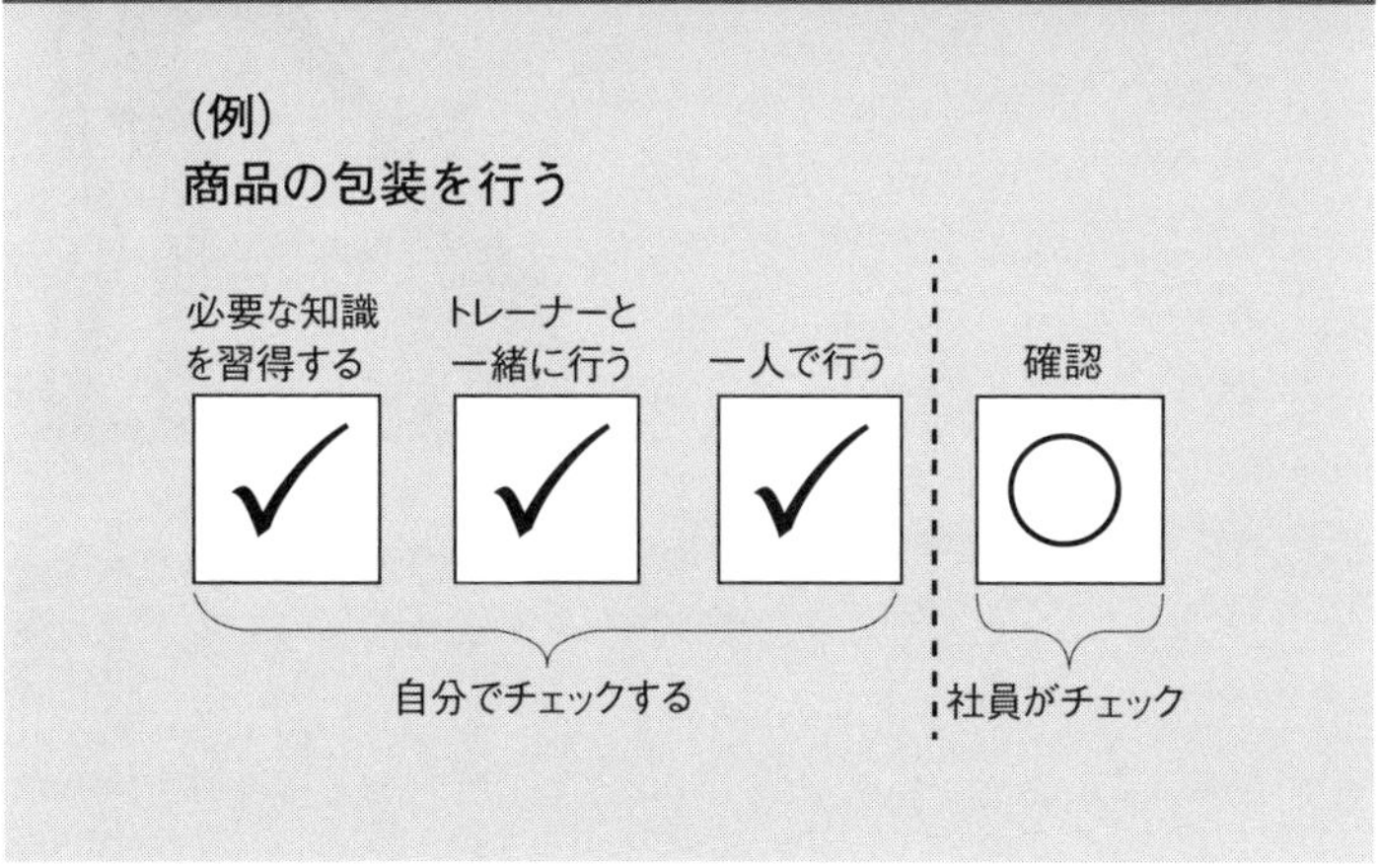

1、本日の到達目標をトレーニーに伝える
2、その内容をトレーニングする
3、出来るようになったか見極めをする
4、記録に残す

最後に、「犬の躾の3つのルール」というのがあります。私も犬を飼っていますが、躾は難しいものです（ほとんど自由奔放に育ってますが……）。犬と新人を一緒にするのは失礼ですが、結構似ています。一つ目のルールは〝3秒ルール〟です。犬がやってはいけないことをした際は、3秒以内に「ダメ！」と叱ることです。時間が経過してから叱っても、犬は何を叱られているのかわかりません。そのかわり、次に

改善されたら、褒めてあげます。二つ目のルールは〝褒めるときは外国人のように〟です。どういうことかというと、褒めるときはオーバーアクションで褒めてあげるということです。最後は〝犬は所詮犬である〟ということです。一度に多くのことを教えようとしても無理です。一つ一つ教えてあげることが肝心なのです。しつけと指導の違いはありますが、新人トレーニングにも当てはまると思いませんか？　是非、店長、トレーナーの皆さんは自分が新人のときの気持ちを忘れないで、忍耐強くトレーニングと向き合いましょう。

第三章　ストアマーケティングの巻

其の一　QSCを向上し、ベースセールスを高める

皆さんファーストフード店において売上を上げるうえで、一番大切なことは何だと思いますか？　ズバリ、来店頻度を上げることです。来店頻度を上げることは、ベースセールスを上げることに繋がります。

では、ベースセールスとは何でしょう？　ベースセールスとは、プロモーションが何もないときの売上です。まさしく店舗において基礎となる売上です。

マクドナルドに例えれば、売上は次のようなイメージです。

店舗の基礎体力ともいうべきベースセールスのうえに、新商品によるプロモーション

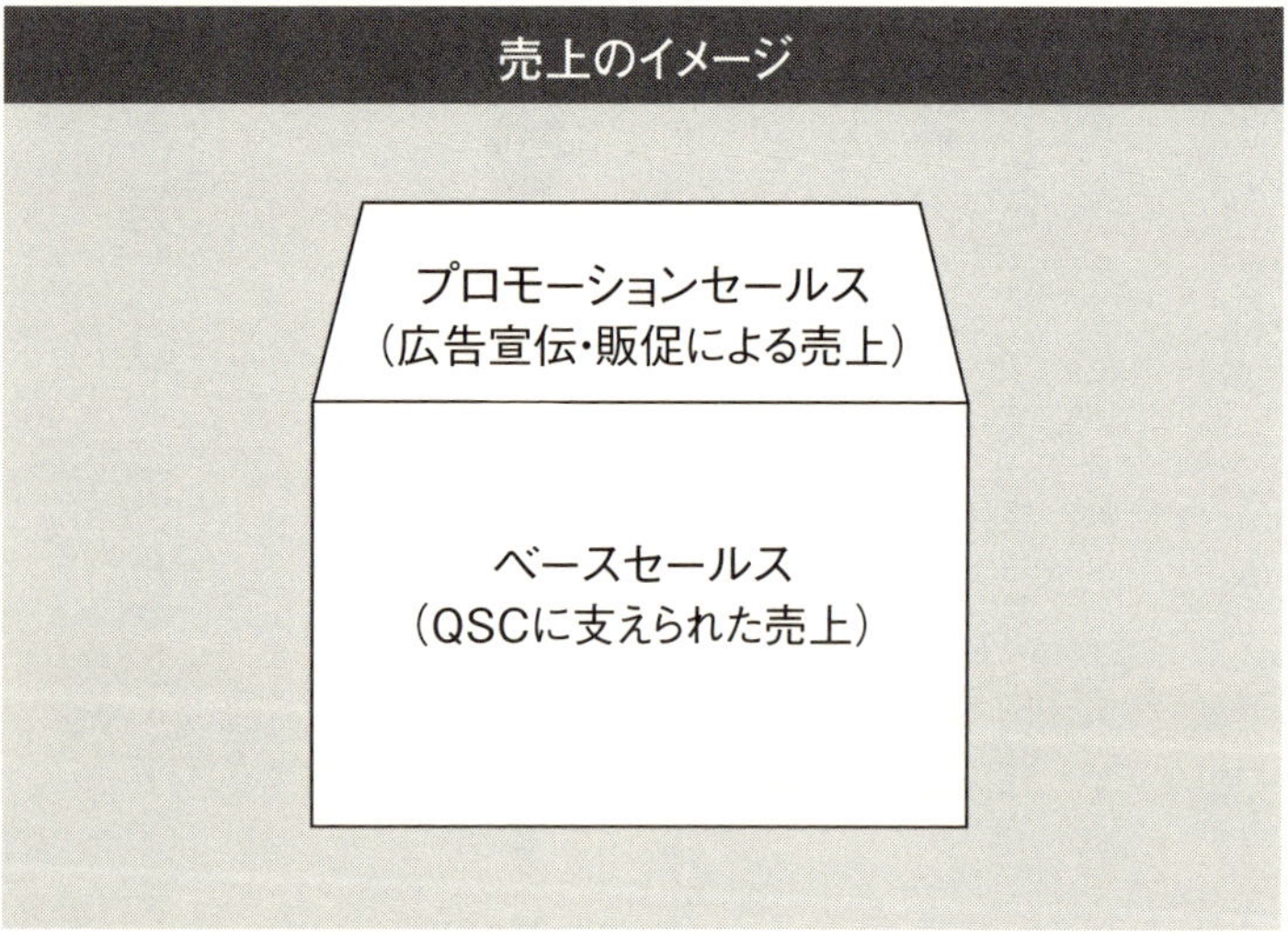

や、クーポンを折り込んだり、時にはディスカウントしたりという販促活動のセールスが乗っかります。

プロモーションセールスの部分は、店長の力で伸ばすことは難しいです。では、店長の売上を伸ばす活動はと言えば、ベースセールスを向上させることです。つまり、お客様の来店頻度を上げる活動、もっとわかりやすく言えば、常連客をいかに増やしていくかがポイントになります。

では、どうすれば常連客を増やすことが出来るのでしょう。それはＱＳＣを維持向上させることです。

Ｑ……クォリティー（おいしさ、温かさなど商品の質）

S……サービス（接客態度や商品提供のスピードなどサービス全般）

C……クレンリネス（店舗の衛生状態や清潔さ）

マクドナルドを例に、もっとわかりやすく言えば、「こぎれいな店舗で、笑顔のあるクルーが、温かくておいしいハンバーガーを、正確かつ迅速に提供すること」です。

不思議なもので、同じプロモーションを全店で実施していても、効果が分かれます。導入時は、どの店も当然売上は伸びるのですが、その効果が長く続く店と、早々と消えてしまう店があります。プロモーションが始まると客足は伸びるのですが、その際の店のＱＳＣの状態が、期間中にお客様が何回訪れるかを決定づけます。

ＱＳＣでお客様を〝がっかり〟させれば、お客様は離れていきます。しかしながら〝ハッピー〟になってもらえれば、次の来店に繋がるのです。

其の二　穴のあいたバケツでは売上は伸びない

其の一で、プロモーションセールスとベースセールスのお話をしましたが、ディスカウントのプロモーションなどをすると、今までご利用のなかった方が来店したり、少し足が遠のいていたお客様が久しぶりに来店されたりして、店は通常以上に賑やかになります。店というバケツに新しい水が注がれるわけです。しかしながら、せっかく行った店が次のような状況だったらどうしましょう?

・入口のドアのガラスが手垢だらけ
・店内に入ったとき「いらっしゃいませ」がなかった
・レジの前に5列くらいお客様が並んでいる
・並んでから注文を聞いてもらえるまで、15分以上かかった
・注文してから商品が全部揃うまで、10分かかった
・注文したい商品が品切れだった
・注文した商品が、1品足りなかった

せっかく来店してくださったのに、このような状況に遭遇すると、今度は他の店にしようかとなりませんか? このような状況は、よく店を利用してくださる常連のお客様にし

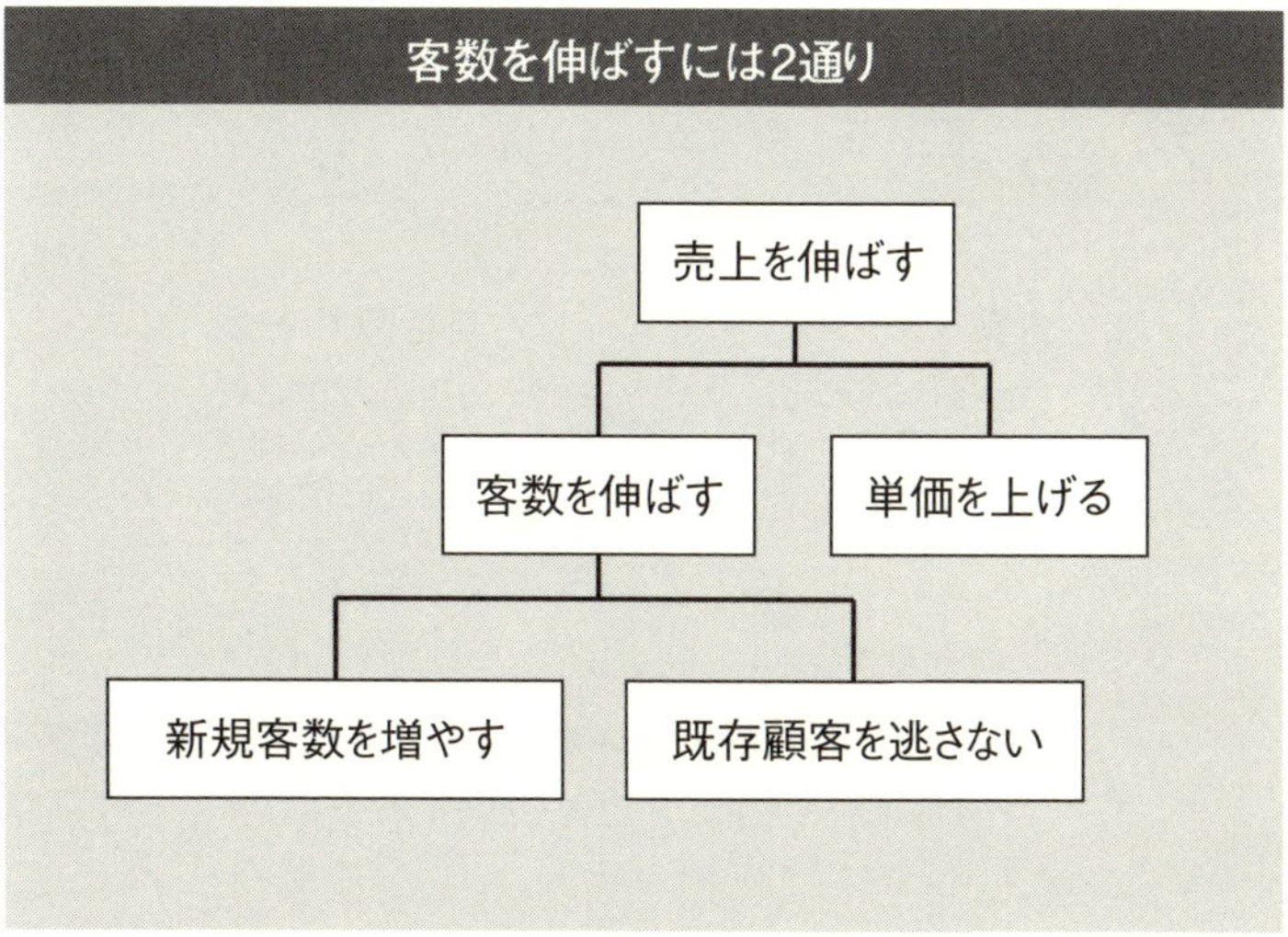

ても同様の体験となります。このような状況が続けば、常連のお客様も離れていかれます。せっかくバケツに新しい水が注がれたのに、バケツに穴があいていれば、いつまでたっても水は溜まりません。

イメージは湧いたかと思いますが、もう少し論理的に説明すると、売上を伸ばすには大きく分けて二つの方法があります。一つは客数を伸ばす。もう一つの方法は、単価を上げることです。単価を上げることに関しては後ほど触れますが、客数を伸ばす方法も大きく分けて二つの方法がありま す。新規のお客様を増やすことと、既存のお客様を逃がさないことです。

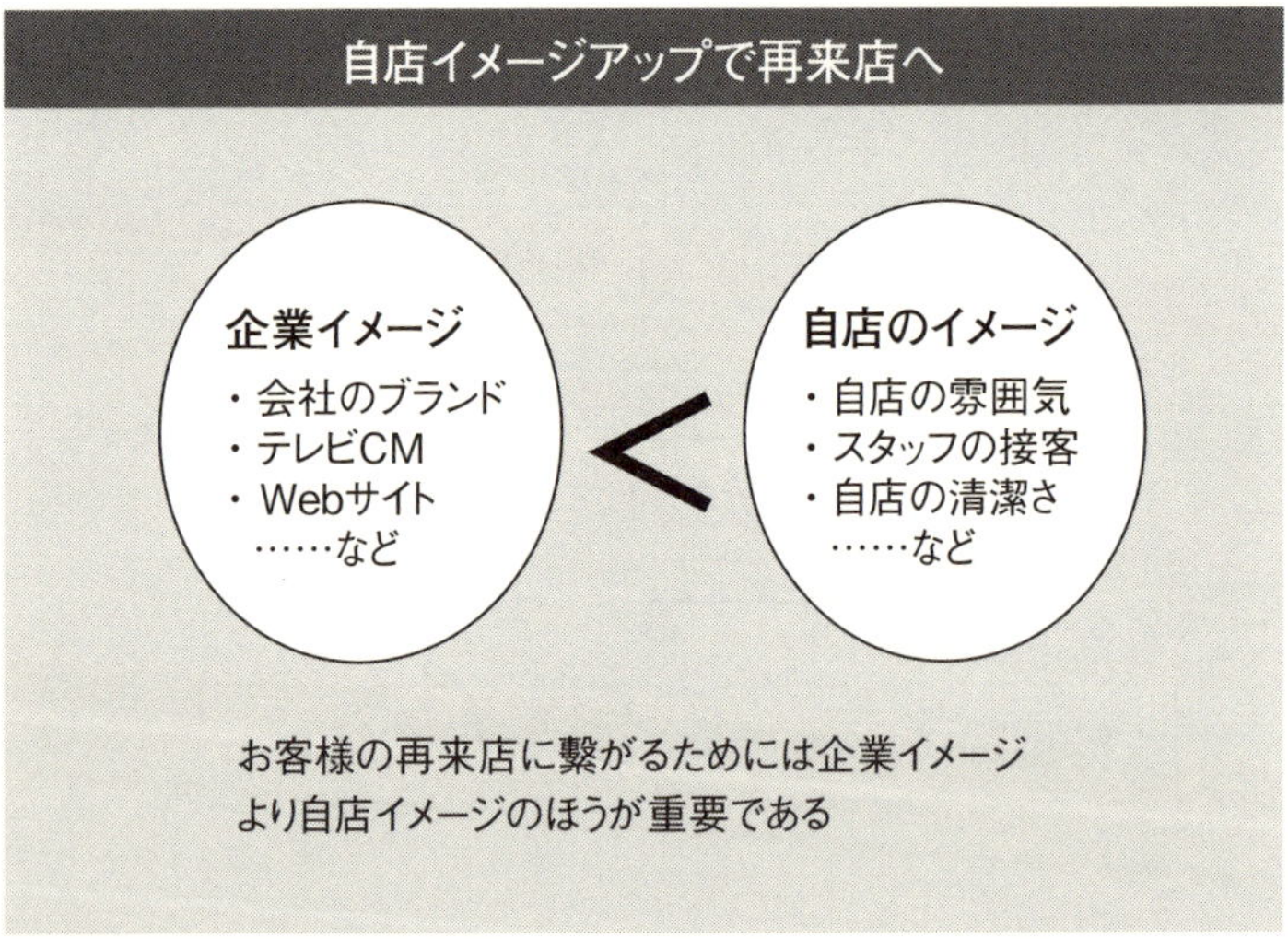

つまりベースセールスを上げる活動というのは、既存のお客様を逃がさず、来店頻度をいかに上げていくかということと、新規で来られたお客様に素晴らしい店舗体験をしていただき、次の来店にいかに繋げていくかということになります。

其の三以降で、具体的な方策を見ていきましょう。

其の三　「〝で〟から〝が〟へ」で売上を伸ばす

皆さん、マクドナルドのイメージはと聞かれると、どんなことを想像しますか？　例えばハンバーガーが安い、「ご一緒にポテトはいかがですか？」と聞かれる、子供が大好きなどいろいろなイメージが湧くと思います。ただ、大きく分けると二つのイメージに分かれます。企業イメージと店舗イメージです。

企業イメージとは、会社のブランドから感じるイメージです。例えば、マクドナルドで言えば、ゴールデンアーチのロゴや、ピエロのドナルドや、あつあつのマックフライポテトなど、テレビのＣＭや、Ｗｅｂサイトなどを通じて感じ取るイメージがあります。

もう一つのイメージは、皆さんの近くにあるマクドナルド○○店のイメージです。言いかえれば、行きつけのマクドナルドのイメージです。そのお店の外観や内装の雰囲気、クルーの接客の感じ良さ、商品提供のスピードや、お店の清潔さなどです。

さて、どちらのほうがお客様には強く印象が残るのでしょう。それは、行きつけの店の印象なのです。ゆえに、最近サービスが落ちたとお客様が感じると、マクドナルド○○店のサービスが落ちたというより、マクドナルドのサービスが落ちたと混同された印象にな

来店されるお客様は2通り

“で”から“が”へ

○○店**で**いい

○○店**が**いい

マクドナルドの○○店**が**いい

「で」を「が」にすることが目標である一方、

「で」のままでも利用していただくことを考える

りやすいのです。

つまりお客様を再来店に繋げるには、企業イメージよりも、自店舗イメージを上げるほうが重要なのです。

店舗には2通りのお客様が来られます。「マクドナルドでいい」というお客様と、「マクドナルドがいい」というお客様です。もっと噛み砕けば、マクドナルドの「○○店でいい」というお客様と、「○○店がいい」というお客様です。常連客というのは、「マクドナルドの○○店」がいいというお客様です。当然、「で」を「が」にすることが目標である一方、「で」のままでも利用していただくことを考えることも大事です。どちらのお客様も逃してはいけません。

其の四　不満足要因と満足要因を把握する

其の三の「で」と「が」に関してですが、私のよく行く居酒屋チェーンに置き換えてみましょう。私の最寄りの駅は、違う私鉄ですが、2駅あります。奇しくも両方の駅に同じ居酒屋チェーンの店があります。比較的つまみも低価格で、雰囲気もそこそこ良い店です。家から店までの距離も両店とも同じくらいですが、ほとんどA店に行きます。A店に行く理由を考えてみました。ブランドイメージは、同じ看板のお店ですので、当然、差はつきません。では、なぜA店に行くかといえば、接客サービスです。どちらかというと、A店に満足しているというよりも、B店に不満なのでA店に足を運んでいるという状況です。B店はとにかくいつも人手が足りません。新しい従業員は入店するのですが、すぐに辞めてしまっているようです（穴のあいたバケツ状態です）。日常的に人手不足ですので、注文までの時間もかかるし、注文してから商品が提供されるまでの時間も長いです。私の場合は、気が短いのか、待たされるのが苦手ですので、私のような客には致命傷で

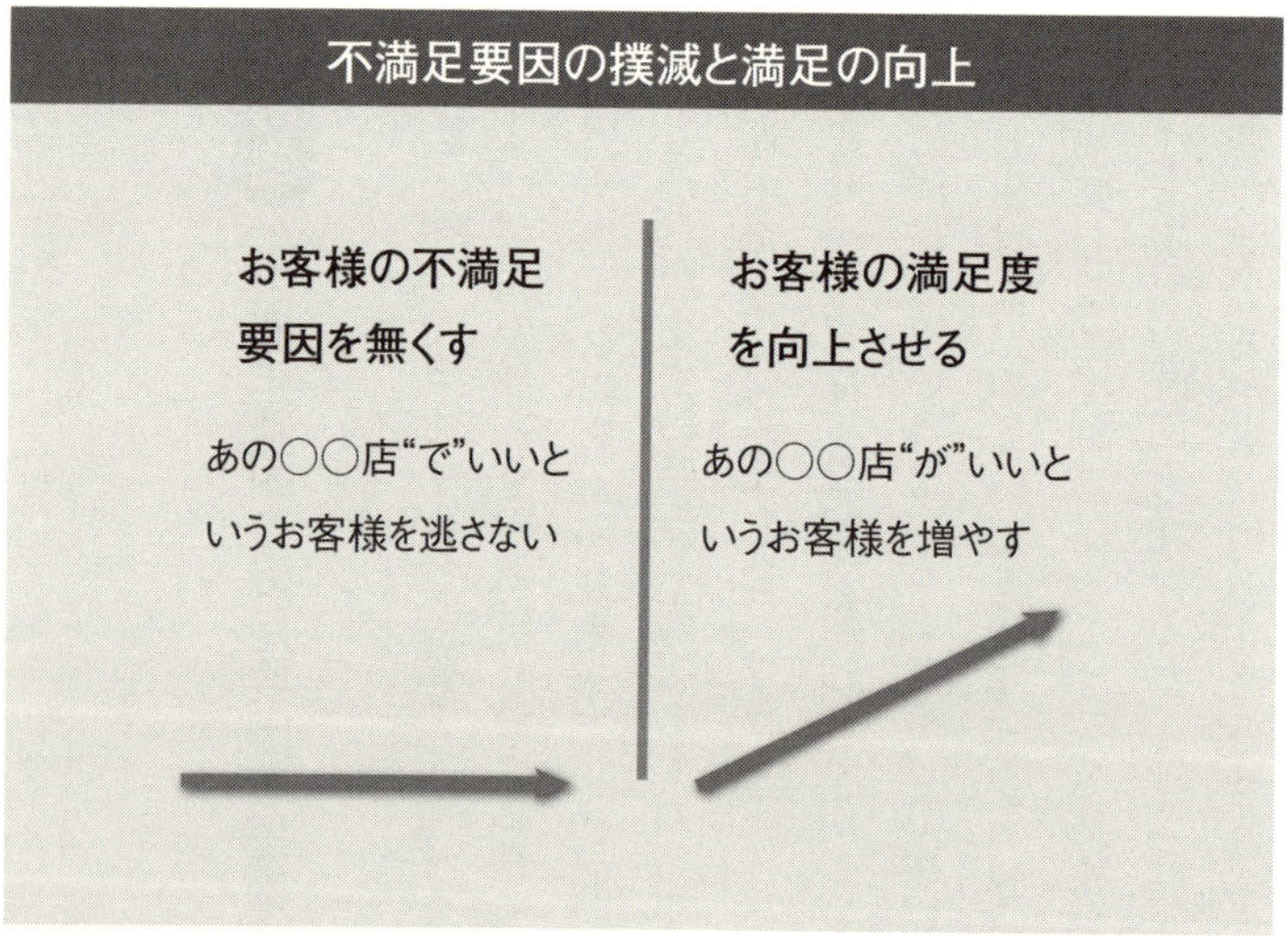
不満足要因の撲滅と満足の向上
お客様の不満足
要因を無くす
あの○○店"で"いいと
いうお客様を逃さない
お客様の満足度
を向上させる
あの○○店"が"いいと
いうお客様を増やす

す。それでも、どちらかと言えば、B店近くの駅を利用する頻度が高いので、当初はよく通っていました。しかしながらA店が後発で出店しました。こちらは、とりあえず適正人数は揃っており、比較的待たされずに商品が出てきます。でも、こちらもそれほど満足のいくスピードではありません。つまり、「で」の状態で通っているわけです。もし、B店の近くに低価格でサービスの良い店が出来れば、その居酒屋チェーンから、その店に移っていくと思います。私としては、居酒屋チェーンの雰囲気は気に入ってるので、B店が適正人数を揃えて、商品提供のスピードなどが改善されれば、B店が行きつけの店になるのですが。

つまり、「で」のままでも利用してもら

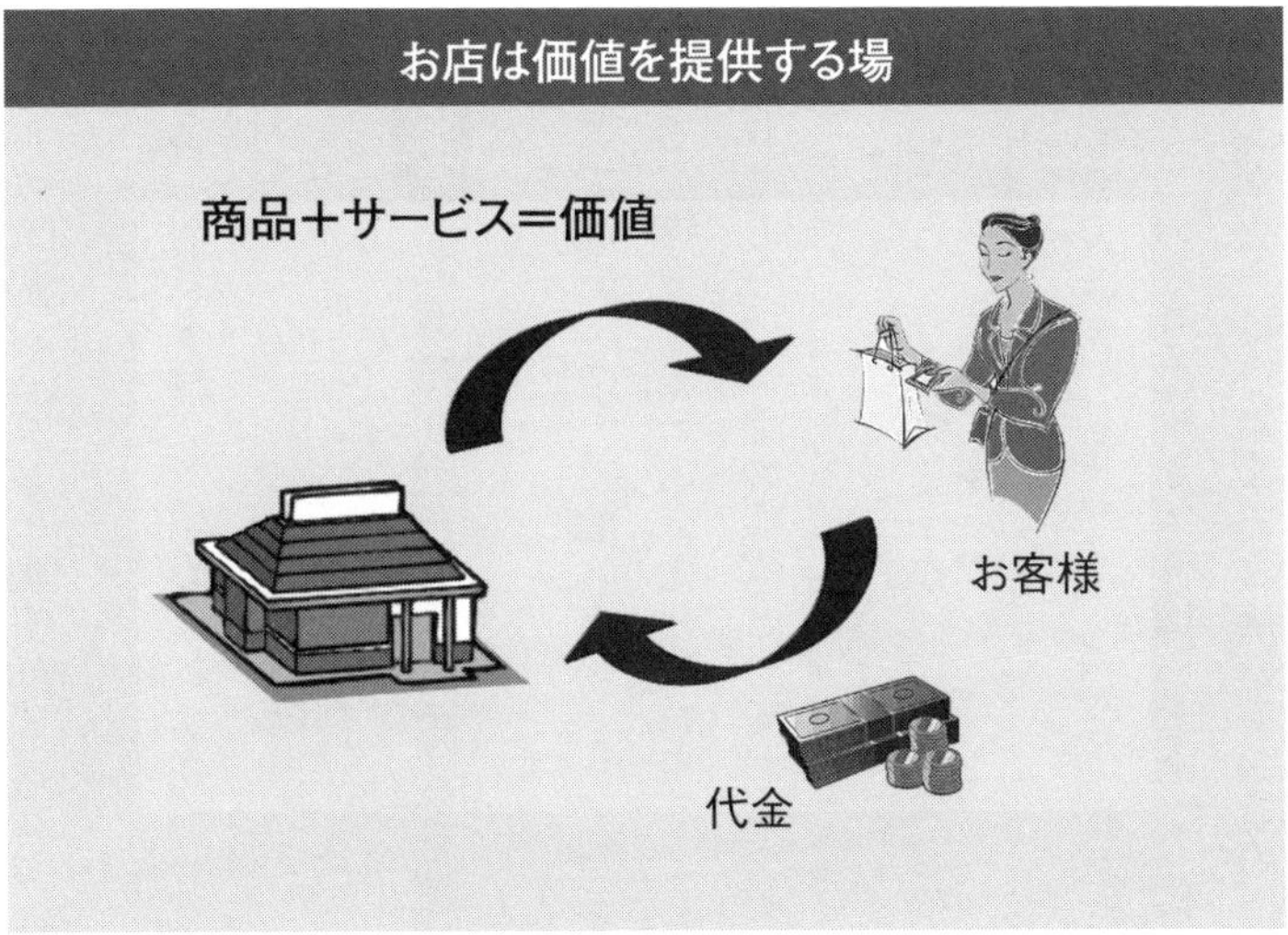

うためには、店の不満足要因を撲滅することです。とりあえず、満足まではいかなくとも、不満足要因を撲滅していけば、「で」のままでも利用してもらえるでしょう。

では、「が」として利用してもらうには、何が必要でしょう。それはお客様満足度を上げていくことです。ただし、お客様のニーズはどこにあるのでしょう？　まずは何に不満だと思われて、何に満足されているのかを、把握することからスタートです。

この方法はそんなに難しくありません。お客様にインタビューすればよいのです。より多くの声を集めたければ、無記名のアンケートなども効果的です。お客様の生の声を聞くのは、少しの勇気が必要です。ただし聞かないことには、何も始まりません。

さあ、勇気を持って始めましょう。

其の五　お客様が満足する方程式を理解する

ここで商売について触れましょう。そもそも商売とは「商い」のことで、利益を上げる目的で、物やサービスを売り買いすることです。ターゲットとするお客様に対して、価値を感じてもらい、その代償としてお金をもらい成り立っています。

「商い」という漢字ですが、「飽きない」とも書けます。言いかえれば、お客様に飽きられないように価値を提供し続けることが大事だということです。多くのお客様が集まると店は儲かります。「儲ける」という漢字ですが、読むのは簡単ですが、結構書けない漢字です。このように覚えるといいです。〝信じる者〟です。つまり、あなたの店を信じてくれる人がいっぱい集まると店は儲かるのです。

では、どうすれば飽きられずに商売が出来るのでしょうか？

それは、お客様がお支払いする金額以上の、商品やサービスを提供するしかありません。

それがお客様の感じられる価値です。支払い金額と商品や受けたサービスがイコールなら、お客様の気持ちは普通です。「で」のままで使ってくれるかもしれません。もし支払い金額よりも、商品や受けたサービスが下回ったとお客様が感じられれば不満になります。大きくサービスが下回れば、クレームになったり、もう二度と来店されないでしょう。

しかしながら、サービスが上回ればどうでしょう。お客様は満足されます。もし大

サービス確認の一例

Service	合計得点＿＿＿＿／30＿＿＿＿%
① 明るく、元気良く、大きな声であいさつを行っているか?	5. 4. 3. 2. 1
② 笑顔があり、きびきびとした動作を行っているか?	5. 4. 3. 2. 1
③ 入店から客席までの案内は適切に行われているか?	5. 4. 3. 2. 1
④ 下げ膳の状態は適切か?	5. 4. 3. 2. 1
⑤ 提供時間は基準内(10分以内)であるか?	5. 4. 3. 2. 1
……	……

きく上回れば感動に繋がるのです。

支払い金額	<<	サービス	感動
支払い金額	<	サービス	満足
支払い金額	=	サービス	普通
支払い金額	>	サービス	不満
支払い金額	>>	サービス	クレーム

一つの例で、駅にある売店ですが、あまりクレームはないそうです。新聞やドリンク、清涼菓子など売店で使う金額はそんな

に大きくありません。だから少ないのでしょう。売店の店員に、深々としたお辞儀まで求めたりしないでしょう。しかしフランス料理のフルコースディナーを大切な人と味わうときなどは勝手が違うでしょう。支払い金額が高いので、料理の味はもちろん、接客態度、店の雰囲気や清潔さなど全てに完璧を求めてしまいませんか。お客様に価値を感じてもらうには、少しでも支払い金額以上のサービスや商品を提供することです。

サービス業においては、其の四で触れたように、何に不満足で、何に満足されているのかを定期的に調査をする必要があるでしょう。お客様の視点のみならず、プロの視点として、店舗を監督するスーパーバイザーなどが、定期的に確認することが必要です。あくまでも客観的にチェックすることを忘れないようにしましょう。

其の六　最強の武器、それは〝サジェスト〟

サジェストってご存じですか？　翻訳すれば、示唆・暗示を与えることとなります。余計にわかりづらくなりましたね。わかりやすく言えば、こういうことです。

「ご一緒にポテトはいかがですか?」
「セットになさいますとお得になりますよ」
「飲み放題にされるとお得ですよ」

イメージ出来ましたでしょうか?

売上を伸ばすには二つの方法があるというのは前述しましたが、単価を上げるというのも重要なアプローチです。サジェストというと何か押し売りのような印象を受けるかもしれませんが、うまく実施すれば単価アップのための最強の武器になります。例えば「ご一緒にコーラはいかがですか?」と「ご一緒に冷たいコーラはいかがですか?」と言うのでは大きな違いがあります。サンドイッチだけを注文されたお客様も、冷たいコーラと言われると、よく炭酸の効いたコーラをイメージ出来、購入率が上がります。同様に「ご一緒にマックフライポテトはいかがですか?」よりも「ご一緒にあつあつのマックフライポテトはいかがですか?」と言ったほうが有効です。このようにお客様に、示唆・暗示を与えることがサジェストです。その結果として、単価が上がるので、うまく実施すれば、お客様とWin-Winの関係になるのです。

サジェストも大きく分けると二つの目的があります。一つは「ワンモア・プロダクト」で、先ほどの例のように、プラスワンの購入を目的とするものです。これは接客時にアプローチするだけではなく、例えば客席にデザートのポスターを掲示したり、テーブルテントを置いたりすることにより、購入意欲を喚起することが出来ます。スーパーのレジ近くに、乾電池やガムやキャンディーなどを置いていますが、買う目的はなくとも、待っている間に手を出してしまうケースはありませんか？　うまく出来ていますよね。

もう一つの目的は「トレードアップ」です。ドリンクのSサイズをMサイズにサジェストする場合などです。一般的にはMサイズにしてもらうのです。「普通サイズでよろしいですか？」というのは、一般的にはMサイズを指している場合が多いようです。S・M・Lサイズの中間ということみたいですが、下手をするとクレームに発展する場合もあるかもしれません。私は「Mサイズでよろしいですか？」のほうがいいと思います。「ワンモア・プロダクト」も「トレードアップ」も、しつこくすると押し売りと変わりません。サジェストは原則として、一人のお客様に対して1回だけです。また、子供に実施するのも問題外です。あくまでも、さりげなく実施すればこそ、Win-Winの関係になるのです。

其の七　目標を〝見える化〟する

「見える化」というキーワードをよく目にします。情報の見える化、作業の見える化、結果の見える化など、使われ方は様々です。ただ、ポイントは「見る化」ではなく、「見える化」ということです。「見る化」というのは、自分が意識して見に行く状態であり、見える化というのは、目に飛び込んでくる仕組みです。これは売上を伸ばすうえでも大きく影響します。前述で、ストアマーケティングにおいて、ベースセールスを伸ばすにはQSCを上げることが重要と記述しましたが、ではQSCを上げることが、本来の目的そのものでしょうか？　それは違います。目的は売上を伸ばすことであり、その手段としてQSCの向上ということです。店で働いていると、QSCには気を遣うのですが、あまり売上を意識しないという場面が見られます。マクドナルドはシフトを組んで店を運営しています。マネージャーがシフトを引き継ぐ際には、当然引き継ぎ事項の伝達があります。Q（クォリティー）に関わる資材のことや、S（サービス）に関わる人のスケジュール、C（クレンリネス）に関わる営業中のメンテナンス項目の実施率、現金管理において、どのレジでいくら現金差が出ているなど、いわゆる人・物・金に関して引き継ぎを行いま

勝敗表

11月	曜日	売上 PLAN	売上 ACUTUAL	勝敗
1日	土	50	47	×
2日	日	60	64	○
3日	月	30	33	○
4日	火	30	32	○
5日	水	35	34	×
6日	木	28	30	○
7日	金	33	34	○
8日	土	55	59	○
9日	日	65	66	○
10日	月	33	35	○

す。しかしながら意外と行われてなかったりするのが、売上の引き継ぎです。「15時の段階で、プランに対して2万負けています。後半で取り返してください」みたいな引き継ぎは必要です。ただし、ここからが重要なのですが、働いているクルーに、「15時の段階でプランに対して2万負けてるよ。頑張って2万取り返そう！」と鼓舞しても、クルーは精神的には頑張ろうと思うでしょうが、具体的に何をしていいのかわかりません。「この一時間で、一人2個アップルパイのサジェストを成功させよう」とか、「みんな手の空いたときに、外に呼び込みに行って、一時間で二人呼び込もう」「客席に出た際に、食事終わりのお客様にデザートをサジェストしよう」と

か、よりクルーがすぐに行動に移せる指示を出すことが大事です。店長のレベルが上がってくると、「どうすれば、2万巻き返せるだろう？」「売上を伸ばす障害になっているものは何だろう？」とクルーに質問します。クルーが自分で答えを出したアクションプランを実行して、売上が伸びればクルーのモチベーションは上がり、次から売上に対しての意識の向上が図れます。売上というものを、より身近にしてあげることが大事です。

シフトの引き継ぎには、前述のようにお店での引き継ぎ以外に、シフト前にマネージャールーム（社員やパートマネージャーが事務ワークなどを実施する部屋）で、必ず引き継ぎ用のノートに目を通します。そのノートには、いろいろな連絡事項が書いてあります。その表紙の裏に私は店長時代、いつもｐ83にあるような表を貼りつけていました。本来であれば、マネージャールームに常設してあるＰＣで売上を見に行けば、対前年でどうなのか、対予算で○○％勝っているなど、詳しいデータが一杯詰まっています。しかしながら、数字だけを見ても自分事としてとらえられないのが実状です。少しでも自分事に感じてもらうために、必ず勝敗が目に飛び込んでくる表を貼りつけていました。不思議とわかりやすい勝敗表を作ったりすると、「俺のシフトの日に負けたくない」という気持ちが芽生えて意識するものです。一度試してみてください。注意点としては、あくまでもシンプルで、すぐに目に飛び込んでくるようにしましょう。世の中どんどんＩＴ化が進んでますが、見える化においては、結構アナログが力を発揮するんですよね。

売上を伸ばすのが目的で、その手段としてQSCを向上させると話しましたが、言いかえれば、QSCを向上させると結果として売上向上に繋がるということです。

本章では「ストアマーケティング」についての話をしてきましたが、私はこの章で、店舗で行うマーケティングの具体的な方策を伝えたかったのではありません。むしろ店舗で行うマーケティングの重要性を意識してほしかったのです。「ストアマーケティング」とは言いかえれば、「マイストアマーケティング」です。ここで言うマイストアとは、店長から見て「私の店」ではなく、お客様から見た「私の店」です。つまり、マイストアマーケティングとは、一人でも多くのお客様から「私の行きつけのお店は○○店」と言っていただけることが究極の目標なのです。

第四章　コストコントロールの巻

其の一　商売の基本、それは損益計算である

研修を始めるときというのは、いきなり本題に入るわけではありません。簡単な自己紹介から入るのが普通でしょう。私は自分を紹介する際に、一言で言えば、「格闘技と阪神タイガースをこよなく愛するバリバリの関西出身の横浜人」と紹介します。ちょっと長いのですが、どうも私には横浜人というイメージは薄く、関西人の印象が強いようです。参加者に関西人の特徴って何ですかと聞くと、「面白い」「話にオチをつけたがる」「うるさい」などの特徴が出ます（ちなみに全部当てはまっています）。そして、もう一つ必ず出るのが、「お金にせこい」や「お金にうるさい」という意見です。確かにそんな風土は関東よりも強いかもしれません。ただ、この感覚は商売をするうえで、とても大事な感覚だ

と思いますよ。
今でも思い出すエピソードをご紹介します。私がまだ小学校5年生くらいの正月の出来事です。当時、ラジオの短波放送を聞きたくて、仲の良いおじさんとお年玉を握りしめて、短波放送を受信出来るラジオを買いに行きました。京都に住んでいましたが、東京でいうところの秋葉原のような電気街です。そこで「クーガー」という私のニーズにピッタリ合ったラジオを見つけました。店頭価格は3万8千円です。私が3万8千円を用意しようとしたところ、おじさんが遮りました。「真一、こんな値段で買ったらアホや。電器屋の店頭価格なんか信じたらあかんで」と言って、おじさんと店員のやり取りが始まりました。

おじさん「ここにあるラジオやけど、2万5千円なら買うわ」
店員「それはきついですわ。3万3千円まで勉強させてもらいます」
おじさん「勉強不足やな。もうちょっと勉強せなあかんで」
店員「わかりました。3万1千円で何とか」
おじさん「よっしゃ。3万円で買うわ」
店員「わかりました……」

いや～、おじさんはすごいです。尊敬の眼差しでおじさんを見つめたのをはっきりと覚えています。以前、心理学を勉強したことがありますが、おじさんが使ったスキルは、ドア・イン・ザ・フェイス・テクニックというものです。どういうものかというと、まず初めに誰もが拒否するような負担の大きな要請をし、一度断らせます。その後に、それよりも負担の小さい要請をすると、それが受け入れられやすくなるというものです。後で出した要請が本当の目的なのです。実は最初の2万5千円はこの効果を狙ったダミーだったのです。

ただ、おじさんが心理学を学んでいたとは思えませんが。

ここで伝えたいのは、なんでも価格に対して疑ってかかれというものではなく、価格の値頃感を養いましょうということ。一円でも安くするための努力を怠らない、もったいないという意識を強く持つということです。私はおじさんのトレーニング（?）のおかげと、関西という風土で育ったせいか、人より少し損益計算にうるさい気がします。例えば、飲み放題だとビールを何杯飲めば元が取れる、この商品の原価はいくらだろうとすぐに考えてしまう癖が身に付いています。良い悪いは別にして、大事な感覚だと思っています。

店長は店舗の利益に対して責任を持っています。当たり前のことですが、損益計算に強くなくてはいけません。損益計算に強いというのは、得か損かの判断を瞬時に出来る能力です。つまり、経営者感覚で商売をすることが大事なのです。

其の二　利益を上げるためには、方法は二つしかない

利益を追求することは、会社の目的の一つです。では、店舗で利益を上げるにはどういう方法があるでしょうか？　答えは二つしかありません。売上を伸ばすことにより、経費の占める割合を減らすか、経費自体を削減するしかありません。

店舗において売上を伸ばすには、前章で二つの方法があることを示しました。客数を伸ばすか、客単価を上げるかです。また客数を伸ばすのも二つの方法があることを示しました。新規顧客を獲得するか、既存顧客を逃さずに来店頻度をいかに高めるかです。

では、コスト削減ですが、コストも大きく二つに分けることが出来ます。一つは固定費

利益を上げるためには

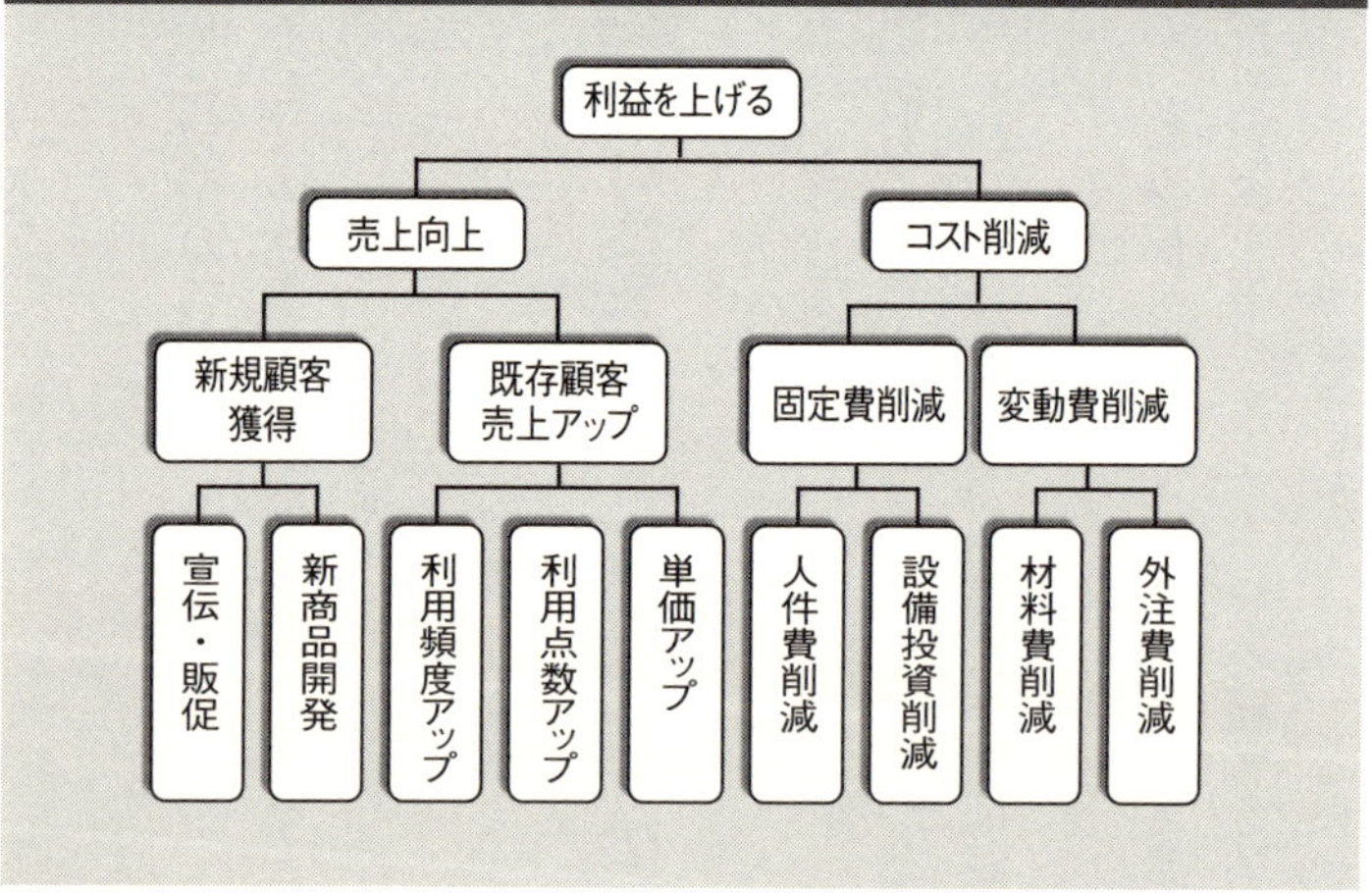

です。固定費とは売上の変動にかかわらず発生する経費です。店舗においては、本社経費や保険に関わる費用、社員の労務費、本社主導のマーケティング費用などです。この経費は店舗でコントロールすることはほとんど出来ません。もう一つは変動費です。売上の変動と連動して経費が増減する項目です。例えば、パートの労務費などはわかりやすいのですが、平日と休日では大きく労務時間に差があります。郊外型のお店では、平日の2倍くらいになるところもあります。これは平日の売上が低く、休日の売上が高いからです。あと飲食店において最も代表的で、一番コストの割合を占める原材料費が挙げられるでしょう。

　理由は労務費と同じですので割愛しま

す。ただ、A店では固定費、B店では変動費という項目もあります。賃料などがそうです。毎月固定で〇〇万円という店もあれば、売上の〇〇%を毎月オーナーさんに納める店もあります。また、売上の〇〇%を納めるのですが、ある一定の金額を下回った場合は〇〇円と最低保証を決めている場合もあります。店長としては、店の全ての経費項目において、この経費は固定費、この経費は変動費としっかり把握することが利益管理の入口です。意外とこの経費はどっちだろうと迷う経費は多いものです。

なぜ、しっかり固定費と変動費を把握することが大事かと言えば、次に触れる損益分岐点を算出出来ないからです。私が其の一で触れた元を取るという感覚は、損益分岐点をベースに考えているのです。つまり、いくら以上売れば利益が出るのかということです。店長は損益分岐点を押さえておかないと、極端な話ですが、売上目標さえ作れないということになります。

其の三では、いかにして損益分岐点を算出するかを見ていきましょう。

其の三　損益分岐点を算出する

今は便利な時代になりました。其の三はちょっとアナログに浸ってもらいましょう。こういうのを瞬時に計算出来ないと、数字に強いとは言えないですね。

ＩＴ化が進んで、売上は自動で計算されますし、仕入れ伝票や、小口で発生する経費を入力すると、自動的に利益は計算されます。しかしながら、最低でもアナログでこのくらいの計算は出来ないといけません。ちょっと計算してみてください。

（問題）

・原価２００円の花を５００円で売る
・店舗の家賃は月15万円
・従業員の給料は月70万円
・その他の費用は月５万円
・赤字を出さないためには一ヵ月で最低いくらの売上が必要ですか？

さあ、どうぞ!!

ちょっと簡単すぎましたか？　いや、もしかして考え込んでないですか？　すみません調子に乗って。では、答え合わせをしましょう。

（解答）

・費用は最低でも90万円かかる
・花を1本売ると300円の利益になる
・利益が90万円以上になるようにする
・90万円÷300円＝3千本
したがって、最低限必要な売上は、
・3000本× 500円 ＝150万円

答えは150万円です。この売上こそが損益分岐点売上です。この花屋は150万円以上売れれば利益が出ますし、150万円以下なら損失になります。つまり損益分岐点とい

うのは、店にとって最低限必要な売上ということになります。

前述した私のおじさんと店員のやり取りを思い出してください。最終的には店頭価格3万8千円のラジオが、3万円で買えることになりましたが、店員さんもこれ以上値引きすると原価割れするという価格が頭に入っていたから、3万円まで値下げ出来たのです。

店長としては、毎月月末近くになると、翌月の日別の売上プランを作成されることでしょう。そのうえで、この売上だとこのくらいの利益が出ると予想を立てると思います。その際に最低いくら売れば、赤字にならないのかという目安を持っていることが重要です。

では、もう一問いきましょう！　よりリアルな卒業試験です。

〈問題〉

毎月最低いくら売る必要がありますか？

・1本150円で仕入れて500円で売る
・毎月20万円の店舗家賃を払う
・毎月従業員に35万円の給料を払う
・毎月5万円の光熱費を使う

・売上の10％をロイヤリティで払う

さあ、どうぞ!!

では、答え合わせをしましょう。
最初に固定費と変動費率を出しましょう。

まずは固定費を拾ってみましょう。

（固定費）
家賃　20万円
給料　35万円
光熱費　5万円　　計60万円

次に変動費率を出しましょう。

（変動費率）
仕入れ　30％（150円÷500円）

ロイヤリティ　10％　計40％

では、損益分岐点を算出しましょう。

損益分岐点算出式は、

固定費÷固定費率％＝損益分岐点売上

※固定費率％は、１００％－変動費率＝60％です。

固定費60万円÷60％＝１００万円

これで、其の二で固定費と変動費を理解してくださいという意味が理解出来たと思います。もし、自分の店の損益分岐点を把握していないのであれば、今すぐ出してみましょう。

そう、そこのあなたですよ。

其の四　損益分岐点をいかに下げるかが勝負①

損益分岐点売上を把握しただけでは、全くコストコントロールには繋がりません。いかに損益分岐点を下げるかがポイントです。損益分岐点が下がるということは、より少ない売上で利益を捻出出来ます。

方法は二つです。固定費を下げるか、変動費率を下げるかです。ただし、前述したように、店の努力で固定費を減らすのは結構難しいです。例えば外部委託しているものを、店舗管理で出来ないかとか、方法はあるとは思いますが、ここでは店舗のオペレーションが大きく影響する変動費をいかに減らしていくかにフォーカスしましょう。

この本を手にしている方は、様々な業種に携わられていると思います。飲食業だけに通用するような、具体的なコスト削減方法には触れずに、おそらく全業種に共通するであろう考え方を示します。

▼ゼロ・ベース思考で考える

例えば、パートの労務費を考えるときに、この売上であれば何人必要という目安を元に勤務スケジュールを作られると思います。〝この売上のときは何人〟という目安をどうやって作っていますか？　昔ながらの平均や、店長の感覚で決めていませんか？　これでは、本当に必要な人数はわかりません。飲食店で言えば、一時間当たりどの料理がどれだけ出て、その料理を作るのに、何名必要で、何分で料理するのか、仕込みには何に何分必要でという感じで、積み上げていくことが必要です。接客に関しては、一時間当たり何人のお客様が来店されて、一人当たり何人捌くことが出来てと、まずは最低限必要な人数を算出することからスタートです。

マクドナルドの店長時代にこんな例があります。店舗消耗備品費を減らしたくて、ゴミ袋に目を付けました。ゴミ袋は丈夫なものを使用していたので、結構コストがかかるのです。マクドナルドでは、消耗備品の在庫をインベントリーしており、毎月の使用量は調べればすぐにわかります。問題意識を持って調べてみると、月によって結構ばらつきがあります。

そこで、ゼロ・ベースで本当に一日当たり、平日なら何枚、土曜・日曜なら何枚という数字を算出してみました。計算方法としては、厨房にはゴミ箱がいくつあり、客席にはいくつと、まずは店舗の敷地内のゴミ箱の数を数え、この場所のゴミ箱は一日何回交換されてと細かく計算して標準使用数を出しました。標準使用数に近づける努力をしているうちに、そもそもこの場所にゴミ箱はいらないとか、ここのゴミ箱とここのゴミ箱はほとんど溜まらないので、閉店時に一緒にして捨てようとかいろいろなアイディアが出てきて、最高に使っていた月の使用数の30％程度の削減に繋がりました。

コスト削減には、まずはゼロ・ベースで本当に必要か否かを検討することからスタートです。

▼正確な発注で、在庫コントロールをシビアに

在庫って何でしょう？　売れる前の商品、余っている商品、いろいろ解釈はあると思いますが、在庫はお金です。売れれば売上となり生きたお金となりますが、期限切れで廃棄すれば死に金となります。在庫を多く抱えることによるメリットと、デメリットを比較すると圧倒的にデメリットが大きいのは、説明の必要はないかと思います。発注は大きなポイントになると思います。店では、いかに発注の精度を上げるかが在庫に大きく影響します。

ポイントはこんな感じでしょうか。

・売上予測は、月初に作ったものをベースに、常に直近の動きを反映する

・近隣のイベント（学校行事やスーパーの売り出し情報等）を把握する
・リードタイムを正確に把握する
・常に倉庫を整理整頓して、インベントリーミスを無くす
・インベントリーは、実際に手で触って数える
・発注責任者を明確にする

等々

不思議なもので、カウンターでレジを任されている人が、一円落としただけで必死で捜します。でも厨房で調理前のパンを落としても罪悪感はそれほど無いでしょう。でもパンの原価っていくらでしょう？

在庫はお金という意識を持たせることが大事です。

其の五　損益分岐点をいかに下げるかが勝負②

▼ムダはムダがあるという視点で見る

店舗異動というのは、全国チェーン店を展開している企業では当たり前のようにありま

す。勿論、いろいろな目的で異動が発生します。例えば人材育成の視点で、今度はこんな店を経験させようとか、対象の店の社員が退職したので急な補充が必要になったとか、新店をオープンするからとか、理由は様々です。異動の理由の一つに目が慣れてしまうというのがあります。店舗を新しく異動してきた社員は、異動早々、次々に店舗のムダや問題点を発見して提案します。しかし半年ぐらい経過すると提案は急に少なくなります。店舗で起こる風景に目が慣れてくるのです。コストコントロールとはムダを省くことに繋がりますが、ムダというのは、〝ここには必ずムダがある〟という視点で物事を見ないと発見出来ません。ルーティン化された段階で、ムダは見つけられません。流されずに、ゼロ・ベース思考とも繋がりますが、必ずムダが内在しているという眼で物事を見ましょう。月に一度くらいは、他の社員と一緒に、「ムダ発見デー」を設けるとか、毎月一件、ムダを改善することをルーティン化するのも一つの手段です。

▼まずは店長自身が率先垂範行動でコスト削減

私がまだ店長代理の頃に、すごく暑がりの店長がいました。その店長との夏の出来事ですが、夏というのは、冷房で大きく電気代が跳ね上がります。当然、いかに電気代を抑えるかというのは大きな課題です。いろいろなことを実施しました。エアコンフィルターは、三日に一回洗浄する（エアコンフィルターの目詰まりは、電気代を大幅に上げる要因）。誰もいない場所の電気は必ず消す。暇な時間は、機械の作動を減らすなど、いろいろ実施しましたが、一番重要なのは、エアコンの設定温度の管理です。外気温より5度下げた温度で客席は管理するとか、厨房の温度は28度に設定するなどです。厨房は、グリル（焼き物）やフライヤー（揚げ物）など、機械がフル回転しているので、28度に設定しても、常に30度を超えています。そんなとき、私が昼番で店舗インすると、極楽のように冷えている日があります。店長がシフトインしているときです。暑がりの店長は、すぐに設定温度を下げるのです。私が28度に戻すと、クルーからは私が悪者になります。

店のコスト管理の主役は店長です。店長が率先してコスト意識＝もったいない意識を持った行動をしないと、絶対に従業員は付いてきません。

いろいろと書いてきましたが、コストコントロールする際に一番気をつけないといけないのは、ＱＳＣ（お客様が受けるサービス）とのバランスを取ることです。コスト削減でお客様に迷惑をかけると、コストは削減出来ても、売上を逃してしまいます。人件費などは、すぐにお客様のサービスに影響します。順番としては、従業員の生産性の向上を図ったうえで、人を減らすべきでしょう。

あくまでもお客様が受けるサービスに迷惑をかけないことが、サービス業におけるコストコントロールの基本です。

其の六　経営判断を下す

チェーン店の店長は、中小企業の経営者と一緒です。経営判断が求められるような場合もあるでしょう。ここはいくつか経営判断を委ねたいと思います。

①～③の3つの例を挙げますので、それぞれちょっと考えてみてください。判断材料を見てみましょう。

① 儲かりやすいお店はどちら?

売上：1800 万円
利益： **120 万円**

仕入れ	450 万円
人件費	720 万円
家　賃	360 万円
光熱費	90 万円
その他	60 万円

売上：2400 万円
利益： **140 万円**

仕入れ	720 万円
人件費	840 万円
家　賃	480 万円
光熱費	120 万円
雑　費	100 万円

売上との比率に直して仕入れ(原価)に注目

売上：1800 万円
利益： **約 7%**

仕入れ	**25%**
人件費	40%
家　賃	20%
光熱費	5%
その他	3%

売上：2400 万円
利益： **約 6%**

仕入れ	**30%**
人件費	35%
家　賃	20%
光熱費	5%
その他	4%

ポイント

- 儲かりやすさは**利益と売上の比率**をチェックする。
- 同じ商売なら**粗利益率**に注目。

営業利益 ／ 総売上　　売上総利益 ／ 総売上 ＝粗利益

収益性を判断する

①儲かりやすいお店はどちら？

判断のポイントとしては、まずは売上に占める利益の割合を見て判断しましょう。利益率が高いのは儲かりやすいお店です。同じ商売をしているなら、粗利益率の高い商売をしたほうが確実でしょう。最も大きな変動費である仕入れ原価の比率は、利益に大きく影響します。低ければ低いほど儲かりやすいということです。

② あなたは広告を出しますか?

年間売上：2000万円

仕入れ原価：40%
人　件　費：800万円
家　　　賃：300万円
そ　の　他：100万円

利　　　益：±0円

月**10万円**の広告費で毎月**15万円**ほど売上が上がるとしたら……

実際に計算してみる

年間売上：2180万円

仕入れ原価：40%
人　件　費：800万円
家　　　賃：300万円
そ　の　他：100万円
広　　　告：120万円

利　　　益：−12万円

月**10万円**の広告を出すと……

売上が月間**15万円**増えるので、

ポイント

● **固定費**の増加により、**損益分岐点**がどう変わるかをチェックする。

月**10万円**の広告を出すと……

固定費が年間で**120万円**増える

固定費1320万円 ／ 固定費率60% ＝損益分岐点売上**2200万円**

月**15万円**の売上増加では足りない！

②あなたは広告を出しますか？

この状況ですと広告は出さないほうがいいでしょう。固定費の増加により、利益を上げるには、２２００万円以上の売上が必要です。２１８０万円では赤字になります。投資判断をする際は、損益分岐点の変動を踏まえたうえで、効果があるなら投資しましょう。ただし、このケースはあくまでも利益の観点からの判断ですので、それ以外にどうしても売上が欲しいような場合は、別の判断も必要でしょう。ポイントは「いくら売れれば、元が取れるか」を判断して投資することです。

❸ 値下げして勝負しますか?

売　上：　1500万円
客　数：15000人
客単価：　1000円

100円値下げするとお客様が20%増える見込みがある……

仕入れ原価：45%
固　定　費：800万円

利　　益：　25万円

実際に計算してみる

100円値下げすると、客数が20%増えるので、その分の売上が上がる。仕入れ原価も上がることを忘れずに!

売　上：　1620万円
客　数：18000人
客単価：　　900円

仕入れ原価：50%
固　定　費：800万円

損益計算をしてみる

売　上：	1620万円
原　価：	810万円
固定費：	800万円
利　益：	10万円

売上は伸びても利益は減る!

ポイント

- 値段を変えると**変動費率**が変わる。
- **損益分岐点**の売上も変わる。

※**原価の高い商品**を多く入れたときも変動費率が上がる。

③値下げして勝負しますか？

②のケースと同様ですが、利益の観点から判断すると、値下げしないほうがいいでしょう。売上は伸びても利益は減少です。

しかしながら、赤字覚悟の決算セールのように、どうしても売上が欲しい場合は、勝負するのも一案です。一言付け加えると、値下げはインパクトは強いのですが、そのかわり利益率は悪くなるため、値下げ期間の設定には細心の注意が必要です。

皆さんお疲れさまでした。

いかがでしたでしょうか。

最後に、店におけるコストコントロールで伝えたいことがあります。コストコントロールに一発逆転ホームランはありません。日々の地道な努力の積み重ねが肝心です。強いマッサージを受けると、終わってすぐは気持ちがいいかもしれませんが、必ずといっていいほど、揉み返しがあります。大ナタを振るうと、しっぺ返しが必ず来るのです。

合い言葉は、「小さいことからコツコツと」で頑張りましょう。

第五章　クレーム対応の巻

其の一　期待するから腹が立つ！　クレームはお客様からのプレゼント

ちょっとここで、お客様と店員のやり取りを聞いてみましょう。

（ケース１）
お客様「ちょっと、この料理冷めてるんだけど」
店員　「申し訳ございません。すぐに新しいものをお持ちいたします」

（ケース２）
お客様「さっき注文した○○がまだ来ないのですが」

店員　「申し訳ございません。すぐに確認してまいります」

（ケース3）

お客様「そちらで先ほど買い物したのですが、家に帰って開けてみたら、注文したものと違うのですが？」

店員　「申し訳ございません。ご注文の商品と取り換えさせていただきますので、お手数をおかけしますが、再度ご来店いただけますでしょうか？」

お客様「ちょっと待てよ。間違ったのはそっちだろ。なんで俺が取りに行かないといけないの？」

このような3つのケースは、サービス業に従事する方であれば、一度や二度は体験したクレームではないでしょうか？

では、そもそもクレームとは何でしょう？　クレームとは、当然のこととして、自分の権利などを要求・請求する行為を言います。

（ケース1）は商品の品質に対する不満です。お客様は、温かい商品は当然食感も温かいものを受け取る権利があります。（ケース2）は商品の提供時間が遅い場合です。人それぞれの感覚や、その場の状況にもよりますが、忘れられているかもしれません。お客様としては当然確認したくなるでしょう。（ケース3）は商品の入れ違いのケースですが、店員さんの応対にも腹を立てられています。しかし注文した商品が入っていれば、このようなケースには発展しませんでした。つまり、お客様は当然の主張をされているわけです。

ここでアメリカでの話ではありますが、面白いデータがあります。カール・アルブレヒト、ロン・ゼンケ氏の著『サービス・マネジメント』（和田正春訳、ダイヤモンド社、二〇〇三年）に掲載されていた数字です。

・不満を持った顧客の96％は、企業に対して何も言わない。一般にクレームが1件あると、問題を抱えた顧客が他にも24人存在することになり、そのうち6件は深刻な問題なのである。

・苦情を訴えた顧客は、たとえその問題が十分に解決されなかったとしても、苦情を訴えなかった顧客よりも、その企業と継続的にビジネスをしようとする傾向がある。

・苦情を訴えた顧客の54～70％は、問題が解決されれば再びその企業とビジネスしようとする。特に問題が速やかに解決されたと顧客が感じるときには、その数字は95％にまで上昇する。

・企業とのビジネスに問題があると感じた顧客は、平均9～10人にその事実について話す。特にその13％は、20人以上にも話をする。

・クレームを訴え、問題が解決された顧客は、業界にばらつきがあるが、平均5～8人の人にその事実を話す。

・問題を解決しようとして成果が得られなかった顧客は、その悪い経験について8～16人の人に話をする。

これは日本においても同じようなことが言えるのではないでしょうか？　期待のないところに不満も満足もありません。期待を裏切られるのでクレームに発展するのです。また、不満を抱いても、前述のデータの示すとおり、ほとんどのお客様は口に出されることはないのです。言いかえれば、クレームを言ってくださるお客様は、企業に対して顧客満足を上げるためのプレゼントをしてくれていると捉えたほうがいいでしょう。

其の二　5段階の顧客満足を理解する

其の一でクレームはプレゼントという話をしましたが、なぜお客様が不満を抱くのか、ひいては、なぜクレームに発展するのかを考えていきましょう。

ストアマーケティングの中で、お客様が満足する方程式をご紹介しましたが、クレームに関しても、ほとんど一緒です。お客様はお店に対して何かしらの期待を持って来店されます。

それは味であったり、接客の良さであったり、メニューの多さ、店の雰囲気、価格など、それこそ人それぞれです。「商品が出るのが遅い」や「接客が良くない」などというのは、お客様が事前に期待されている基準に達していないので、不満やクレームに発展するのです。

イメージとしては、こんな感じになります。自分の期待と、提供された価値がイコール

5段階の顧客満足

レベル５期待＜＜＜価値　『感動』

レベル４期待　＜　価値　『満足』

レベル３期待　＝　価値　『普通』

レベル２期待　＞　価値　『不満』

レベル１期待＞＞＞価値　『クレーム』

↓

期待（ニーズ）に見合う価値が無かったら顧客は確実に離れる ⇒ **ニーズとのギャップ**

の状態であれば、感想としては「普通」でしょう。下回れば「不満」になりますし、大きく下回れば「クレーム」になります。ただこんなケースもあるでしょう。小さな不満が何回も積み重なって、クレームとなって爆発というケースです。マクドナルド時代ですが、ドライブスルー店舗で一番多かったクレームは入れ忘れです。基本的に入れ忘れが発生した場合は、ほとんどのケースでお届けしていたのですが、そのときに一番傷つく一言が、

「もう、これで3回目よ」というような内容です。今回のクレームの前にも、すでに不満を積み上げられていたのです。まだ、クレームを言ってくださったので、繋ぎとめることは出来たのですが、期待（ニー

ズ）に見合う価値が提供出来なければ、お客様は離れていかれます。まだ未成熟なマーケット（市場）であれば、その商売自体に希少価値があるので再来店してくださるでしょうが、成熟マーケットであれば確実に離れていかれます。ただし逆もしかりです。お客様の期待を上回る価値を提供すれば、満足されてまた来店してくださるでしょう。より大きな価値を提供されたお客様は感動し、他の人に良いコメントをしてくださるでしょう。

つまり、クレーム対応のゴールとは、また利用していただけるように、お客様を繋ぎとめることなのです。まさにお客様の「がっかり」を「ハッピー」に変えることでしょう。

其の三　お客様のニーズを分析する

お客様の感じられる価値を上げることが満足に繋がり、クレームを撲滅していくことに繋がります。ということは、お客様のニーズを分析する必要があります。

これは一つの例ですが、飲食店を取り上げてみましょう。まず店舗に入る前にどんなニーズがあるかを考えます。例えば、店の入口にメニューがあったりすると、あらかじめお

お客様のニーズを分析する（飲食店の場合）

プロセス	ニーズ	不満足要因
店に入る	•店の入口にメニューがある	× 入口が汚れている
↓		
着席する	•快適な席に案内される	× なかなか案内されない
↓		
メニューを見る	•メニューが見やすい	× メニューが手元にない
↓		
注文する	•すぐに来てくれる	× 呼んでも来ない
↓		
食事の提供	•タイミングよく持ってくる	× 順番を間違える

勧めメニューなどをインプット出来ます。

しかしながらドアを開けようとすると、ガラスは手垢だらけです。それを見た瞬間に不潔なイメージを抱いてしまいます。つまり、不満に繋がります。この段階で減点1です。次に着席するという段階ではどんなニーズがあるでしょうか。待たされずに快適な席へ案内されたいですね。しかしながら、ここでなかなか案内されなければ減点2です。お客様は、知らず知らずのうちに、頭の中で提供される価値を採点されています。勿論、笑顔の挨拶があった、商品の味がおいしいなどは加点となります。最終的にプラスになっていれば、また来店していただける確率は上がりますし、マイナスになれば来店頻度は下がります。

スカンジナビア航空をサービス戦略で業績を向上させたヤン・カールソン氏は、『真実の瞬間』（堤猶二訳、ダイヤモンド社、一九九〇年）の中で、日常は、瞬間で構成されている。何かに気がつく瞬間、何かをする瞬間、何かを考える瞬間……。その瞬間の中でも、接客業で特に大事にしなければならないたった15秒の「瞬間」がある。従業員が顧客に接した最初の接客態度の15秒間を、ヤン・カールソン氏は「真実の瞬間」と呼んでいます。これは航空会社の事例ではありますが、飲食業においては、従業員とお客様の接点の時間はもっと長いのです。加点するチャンスも多いが、減点のリスクも大きいということです。

これはお勧めの作業ですが、店長と従業員数名で、参考資料よりももっと細かく、「プロセス」「ニーズ」「不満足要因」を分析してみてはいかがでしょう。

まずはプロセスを細かく区切ります。そもそも店は見つけやすいのか、駐車場の入口は入りやすいのか、女性でも駐車しやすいスペースがあるのか、店の入口はすぐに見つけられるか等からスタートです。そこでのニーズやどういう不満足が考えられるかというのを、従業員と一緒に考えるのです。もっと良いのはお客様にインタビューすることです。これを全プロセスで作成すれば、この瞬間には何をすれば良いのかというマニュアルが出来上がります。マニュアルを作ったからといって、いかなる状況でもマニュアルどおり動きなさいというわけではありません。マニュアルとは最低限のスタンダードです。

ここで一番伝えたいポイントは、お客様のニーズを把握しないかぎり、顧客満足を上げることは出来ませんし、クレームを撲滅することも出来ないのです。

其の四　不満を黙っているお客様を発見する

其の一で触れましたが、ロン・ゼンケ氏は、著書『サービス・マネジメント』の中で、「不満を持った顧客の96％は、企業に対して何も言わない。一般にクレームが1件あると、問題を抱えた顧客が他にも24人存在することになり、そのうち6件は深刻な問題なのである」わかりやすく言えば、クレームが発生したら、その陰に同様の不満を持っているお客様が20倍くらい存在するということです。ここでのポイントは不満を黙っているお客様をいかに発見するかということです。

例えば飲食店の場合ですが、お客様の表情に注意することが大事です。私も店長時代に何度もクレーム対応を経験していますが、カウンターに向かって来られるお客様の表情でクレームだとすぐにわかります。少し足早で歩かれて、目は少し吊り上がり気味に感じま

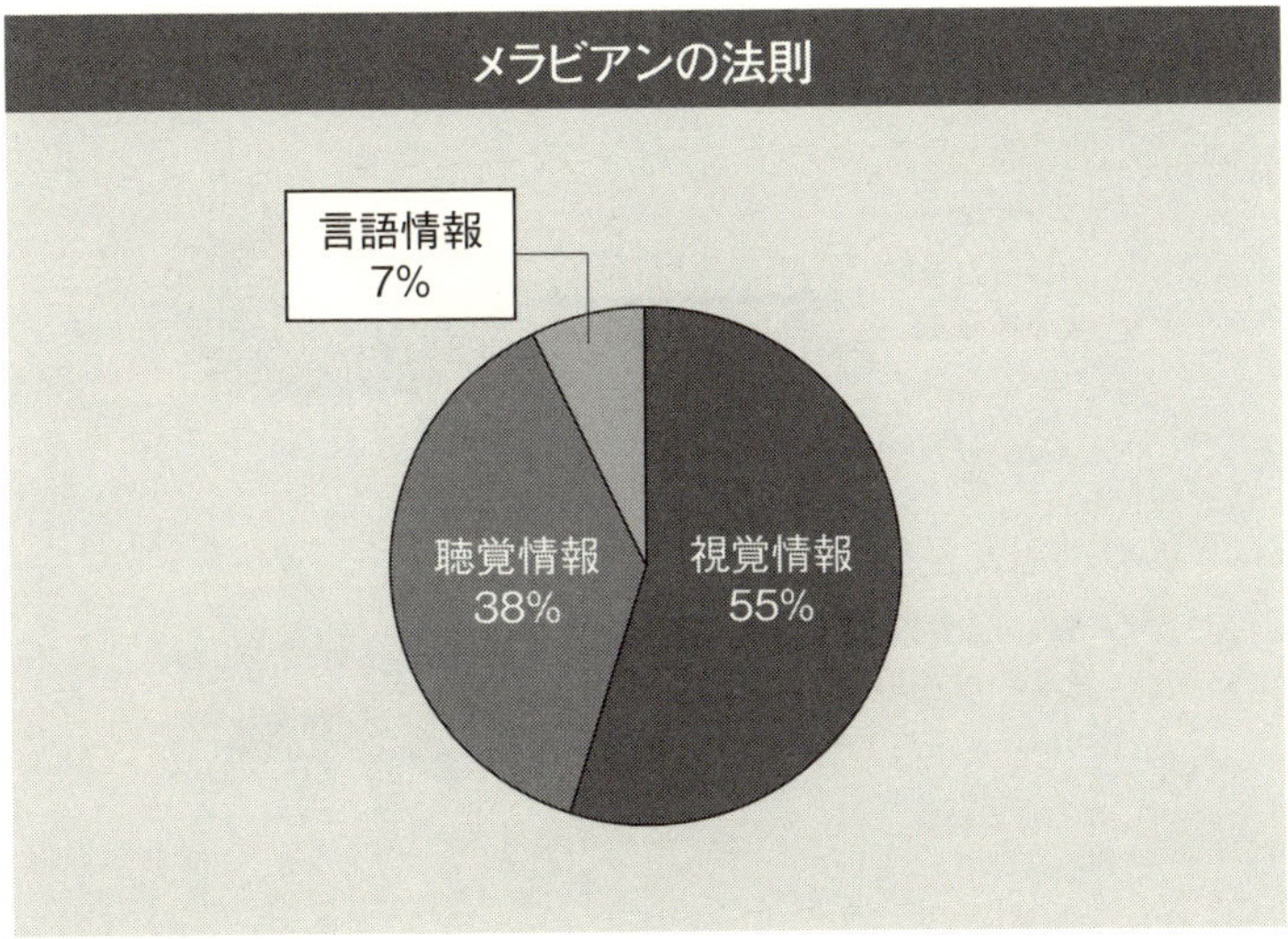

した。

メラビアンの法則をご存じですか。アルバート・メラビアン博士は、感情や態度について矛盾したメッセージが発せられたときの人の受け止め方について、人の行動が他人にどのように影響を及ぼすかというと、話の内容などの言語情報が7％、口調や話の速さなどの聴覚情報が38％、見た目などの視覚情報が55％の割合であったと報告しています。

よく人と話していて、たぶん嘘をついているなと感じるときがあります。それは、言葉の内容そのものより、相手の発するボディランゲージから感じているのです。つまり視覚情報から得た情報なのです。クレ

不満を黙っているお客様を見逃すと

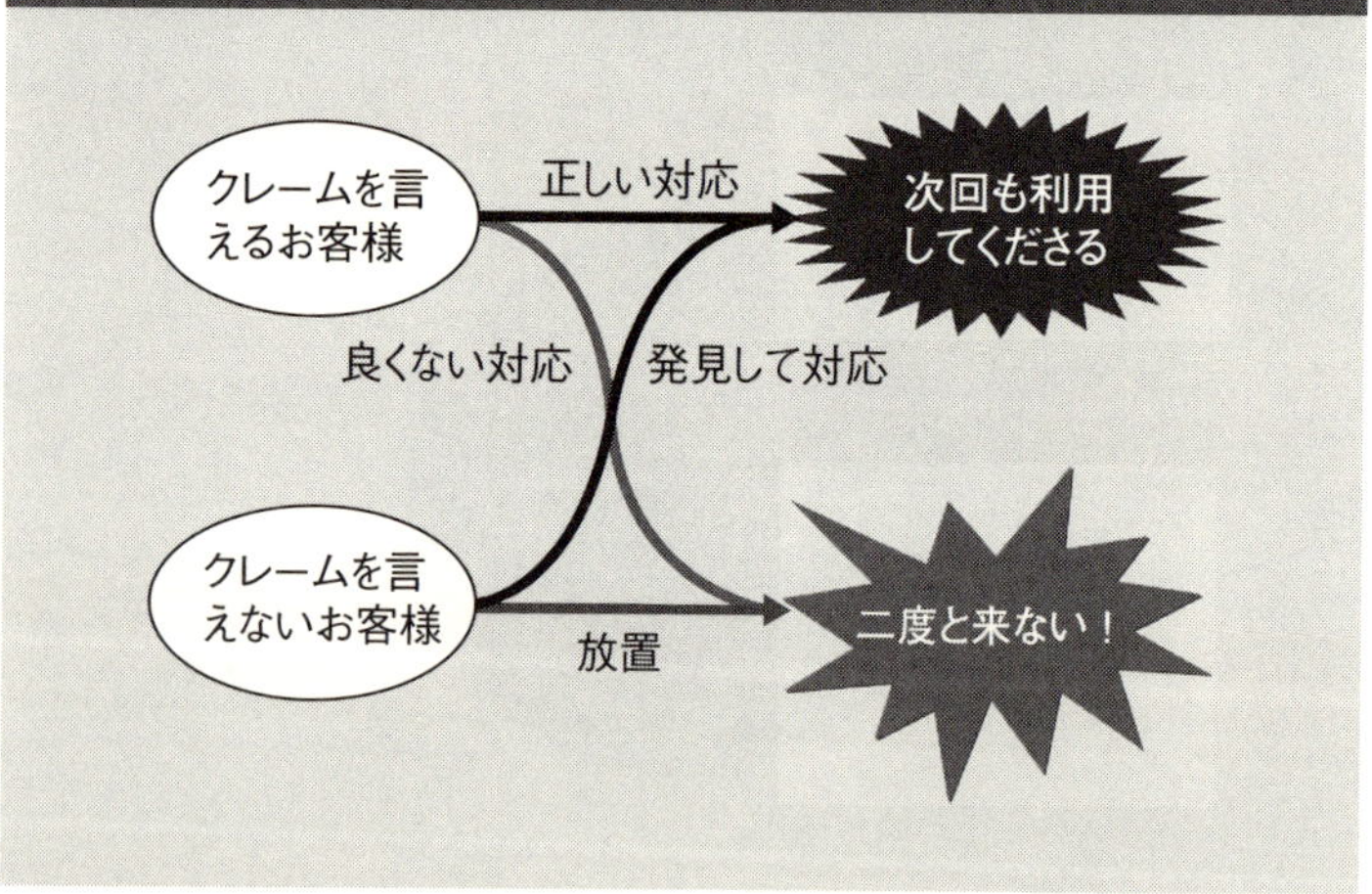

ームを言われるお客様も、もしかしたら本当の原因は口にされていないかもしれません。クレームを受ける側としては、お客様が話しかけやすい雰囲気を作るのも大事なことです。相手に私の話を聞いてくれていると感じさせるように聞くということです。詳しくは第一章其の四「共感を持って人の話を聴く」を参照してください。

また、店内を巡回した際に、お客様の会話にも少し注意を払いましょう。これも近くに行って聞き耳を立てるわけにはいきません。会話の様子で感じ取りましょう。もし、気になるお客様がおられたら、勇気を出して「どうかなさいましたか?」と、こちらから声をかけてみましょう。不満を黙っているお客様を見逃すと、長い目で見れば莫大な損失に繋がります。

整理をすると、クレームを言ってくださるお客様に正しい対応をすれば、次回も利用してくださいます。しかしながら、クレームを言えないお客様を放置すると、二度と来られないかもしれません。発見して対応することで繋ぎとめることが重要です。

其の五　クレーム対応の5段階

クレームは起こってしまったら対処するしかありません。パニック状態にならずに、極力冷静を装いましょう。「まずは落ち着く」と自分に言い聞かせてください。ここでは基本的なクレーム対応の5段階について説明します。

1．まず謝る「大変申し訳ございません」

ここでの謝罪は、クレームの内容そのものに対してではなくお客様に対して不愉快な思いをさせたことに対する謝罪です。敬礼で深く頭を下げましょう。下げるときもゆっ

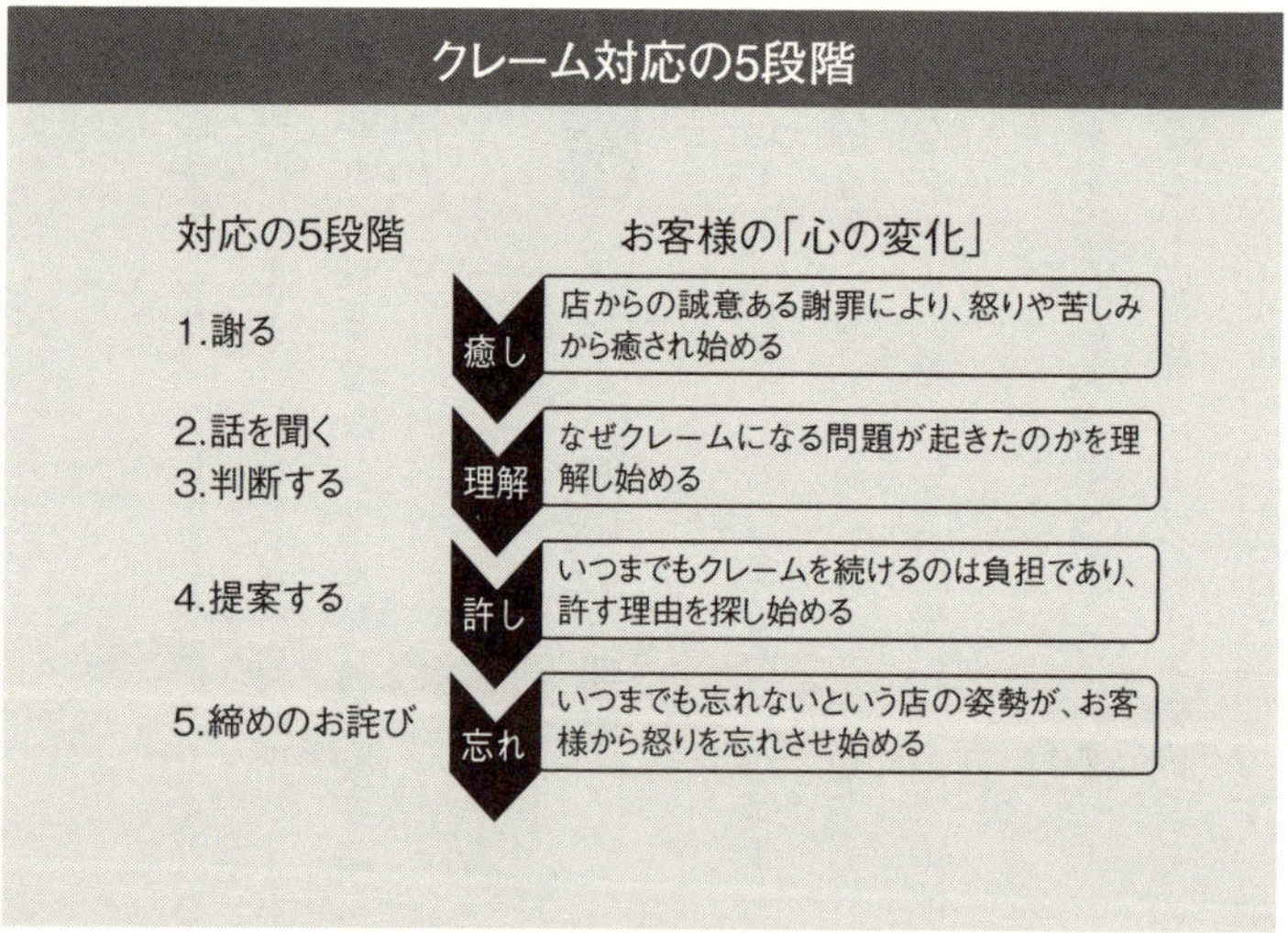

クレーム対応の5段階

対応の5段階		お客様の「心の変化」
1.謝る	癒し	店からの誠意ある謝罪により、怒りや苦しみから癒され始める
2.話を聞く 3.判断する	理解	なぜクレームになる問題が起きたのかを理解し始める
4.提案する	許し	いつまでもクレームを続けるのは負担であり、許す理由を探し始める
5.締めのお詫び	忘れ	いつまでも忘れないという店の姿勢が、お客様から怒りを忘れさせ始める

くりと頭を下げましょう。

2. 相手の立場になって聞く

先入観にとらわれずに聞くということです。実はこの聞くというのが一番難しく、相手にベクトルを向けて、最後まで聞ききることが大切です。判断を入れ始めた瞬間から、自分にベクトルが向いてしまいます。間違っても相手の話を遮るなどはご法度です。聞き終えた後、自分がよく理解出来ていない場合は、丁寧に質問することも大切です。

3. 判断する

不満の原因がわかったら、言葉を選び迅速に対応しましょう。

4. 提案する「恐縮ではございますが……」

十分に謝罪した後、原因を伝え、代替え案を提示しましょう。クレーム対応は、提案がないかぎり終わりません。いわゆる落とし所です。お客様に提案した事項は、当然ながら従業員に徹底させることを忘れてはいけません。

5. 締めのお詫び

最後に締めのお詫びです。この際に大事なのは、フィードバックしてくださったことに対して感謝の言葉もつけましょう。

其の六　〝消火活動〟から〝防火活動〟へ

クレームは起こってしまえば、前述のとおり対処するしかありません。消防署の活動と似ています。火事が起これば、すぐに駆け付け消火活動にあたります。しかし消防署員の人たちは、むしろ防火活動に力を注いでおられます。クレームも似ていると感じませんか。お客様の心に火がついている状態を、誠意を持った対応で消火していくのと同じです。しかしながら、私たちが一番考えないといけないのは、クレームが起こりにくい環境を整えることです。よく「クレーム撲滅」「クレーム件数0件」という目標を見ますが、本来サービス業であれば、顧客満足を向上させることがメインテーマであり、その結果クレームが減少するというのが本来の姿でしょう。

サービス業においては、「従業員満足の向上」→「顧客満足の向上」→「客数の向上」→「売上の向上」→「利益の向上」というサイクルが理想であると私は考えています。従業員の満足度が向上すれば、職場で働くことが楽しくなり、自然と笑顔が生まれます。満足している従業員は、お客様に対してホスピタリティ溢れるサービスが提供出来ます。良いサービスを提供されたお客様は、また店を利用してくださいます。そうすると売上の向上に繋がり、最終的に利益の向上に繋がります。利益が向上すれば、その利益を従業員に還元し、さらに従業員満足の向上に繋がるといいでしょう。

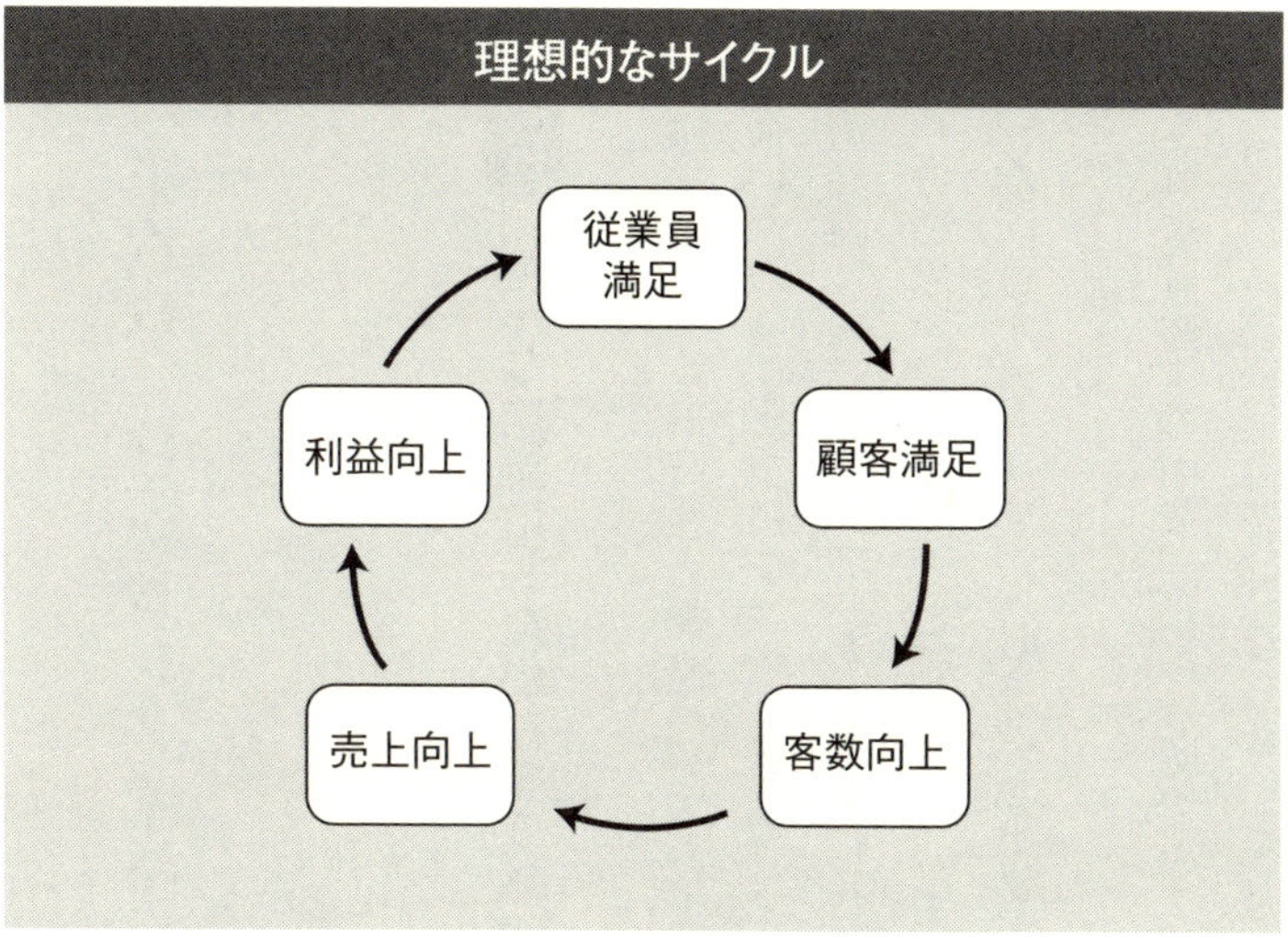

つまりクレームというのは、顧客満足の向上を目指していく中で生まれます。顧客満足を引き出すのは従業員です。まずは店の従業員は何に満足していて、何に不満を持っているのかをリサーチして、満足要因・不満足要因の中で、出来ることから改善を始めましょう。

第六章　ビジョンメイキングの巻

其の一　どんな店舗にしたいかを具体的に描く

私はマクドナルド時代を振り返ってみて、おそらくこんな店にしたいと具体的にビジョンを描いたのは、店長になって2店舗目でした。当時、政治家の小沢一郎氏が書いた『日本改造計画』（講談社、一九九三年）に共鳴し、自分もこんな店を作りたいとビジョンを作ったのを思い出します。とにかく作っている間、ワクワクして時間も忘れるくらい夢中で作った記憶があります。『日本改造計画』の中で、特に興味を引いたのは、「普通の国」というワードです。

『日本改造計画』の中で、真の意味での「国際国家」となることを提唱し、そのためには「普通の国」にならなければならないとして，次の二つの要件を掲げています。

第一の要件は、「国際社会において当然とされていることを、当然のこととして自らの責任で行うこと」であり、特に安全保障の分野でも例外ではなく、この分野でも「自らの責任において自らにふさわしい貢献」が出来るようにすることを提唱しています。第二の要件は、「豊かで安定した国民生活を築こうとしている国々に対し、また地球環境保護の課題について、自ら最大限の協力をすることである」としています。

これを自分なりに店舗に置き換えて、第一の要件は、「お客様のために、当然のこととして自らの責任でホスピタリティ溢れるサービスを実施する」。第二の要件は、「マクドナルドの仕事を通じて地域社会に貢献する」といったようなことを掲げていた記憶があります。

ただし、このままの文面ではわかりにくいので、より具体的に何を行うかを記しました。「普通の店」とは、平均的なレベルの店を目指すのではなく、「お客様のために、当たり前のことを当たり前に実施する店」、もっと嚙み砕けば、「お客様に、こぎれいな店で、温かくおいしいハンバーガーや、あつあつでフレッシュなマックフライポテトを、スマイルのあるクルーが、正確かつ迅速に提供出来る店」と定義づけていました。

ビジョンの意味ですが、「目指すべき姿」とか、「こうありたいという目標」のような意味合いで使いますが、もともとの意味は「視界」とか「視覚」という意味です。似た英単語を探せば、「テレビジョン」とか「オーロラビジョン」になります。つまり視覚に訴えるものです。言いかえれば、ビジョンを作った際に一番重要なのは、一緒に働く従業員が頭の中で実現した状態を絵に描けるぐらい具体的にしないと、俗にいう「絵に描いた餅」になってしまいます。そのためには、ビジョンを達成した状態を具体的にイメージ出来ないと意味がありません。

作る際に自分にいろいろな角度から質問をしながら作っていくのをお勧めします。

「店の三年後ってどうなっているんですか?」

「三年後の売上ってどのくらい?」

「三年後のパート数はどのくらい?」

「そのときの社員は、あなたに、どんな表情で、何を話しかけていますか?」

「そのときのお客様はどんな表情をされていますか?」

「お客様が帰られるときに、どんな言葉をかけてほしいですか?」 他店長にとってのビジョンとは、「自分がどんな店を作りたいか」ということです。逆に言えば、それがないかぎり、常に手段を実施しているだけで、目的もなく店舗運営している状態です。

自分は一体どんな店を作りたいのかを真剣に考えてみませんか。本部の掲げた目標だけを追いかけるのは少し淋しくないですか。

理想の店舗を一緒に描いていきましょう。

其の二　ビジョンや本部目標をいかに浸透させるか

理想の店舗を描いたら、次のステップは、いかに実現させるかです。店舗のリーダーである店長の役割としては、部下に対して大きく分けて3つの役割があると思います。一つは部下を方向づけることです。二つ目は部下を動機づけて、巻き込むこと。三つ目は仕事ぶりを評価することです。ビジョンを作成したということは、進むべき方向を決めたわけです。次は部下を巻き込みながら、同じ方向に向かわせなければなりません。

ここでマクドナルドのオペレーションマネージャー時代のエピソードを紹介します。ナショナルチェーン店ですので、本社から下りてくる目標があります。そのときは確か対前年売上2％アップだったと記憶しています。本社の売上目標が対前年2％アップだったとしても、そのまま全店舗2％アップというわけではありません。例えば統括するエリアで対前年2％アップなら、A店は4％アップ、B店は1％アップというように、過去の実績や、商圏の状況によって当然振り分けて、最終的にエリアで2％以上を確保します。理由は、全店一律2％アップにすると、ハードルが高い店と低い店に分かれるからです。ここでは細かい説明は省きますが、こういう目標を浸透させる際に、店長の力量が問われます。私は店舗巡回している際に、よく目標の浸透度を確認しました。マネージャールームへ行くと、本社の対前年○○％と目標は張ってあり、具体的な行動計画も掲出されています。ただ、ここからが問題です。クルーにインタビューします。業績の悪いお店で、「マネージャーから今日の目標聞いている？」と質問すると、クルーは、「いいえ、特に聞いていません」という答えが返ってきます。しかしながら業績の良い店でインタビューしてみると、「はい、私は今日のピークで30人のお客様を捌くという目標です」とか、「ピークの時間中、絶対マックフライポテトの品切れを起こしません」という答えが返ってきま

3人の石工

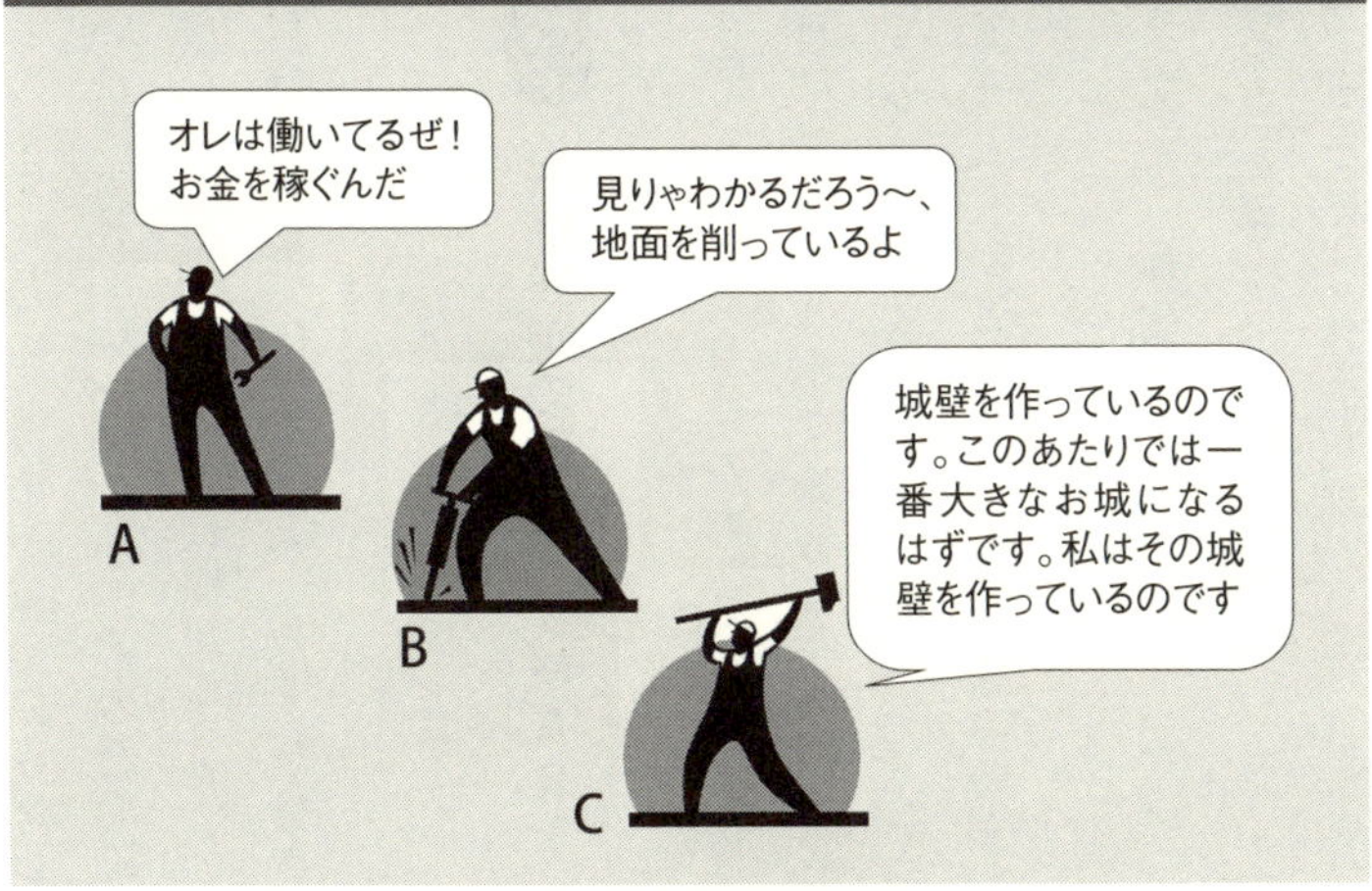

す。要は、どれだけ嚙み砕いて、クルーレベルの目標に落とし込むかが勝負なのです。店長としては、２％アップというのは金額でいくらか、時間帯に直すと何人のお客様を捌かないといけないか、これをクルーが理解して目標と出来るレベルに落とし込んで、初めて目標として機能するのです。

皆さん、「３人の石工」の話をご存じですか。要約するとこのような内容です。３人の石工が仕事をしているので、何をしているのか尋ねました。Ａの石工は、「オレは働いてるぜ！　お金を稼ぐんだ」、Ｂの石工は、「見りゃわかるだろう〜、地面を削っているよ」、Ｃの石工は、「城壁を作っているのです。このあたりでは一番大きなお城になるはずです。私はその城壁を作っているのです」という返事が返ってきました。言いたいことはわかりますね。日々の仕事に、いかに誇りを持たせるか、そのためには、目標や目的をしっかりと伝えることが極めて大事なのです。「本社の目標がこうだから」という言い方は店長としては失格です。いかに自分の言葉で伝えるかが、部下を巻き込むポイントなのです。

其の三　目標設定の基本「SMART」

今までで、ビジョンの大切さや目標管理の重要性について触れてきましたが、ここでは目標設定の基本でもある「SMART」を紹介します。良い目標の特徴は、この「SMART」の要素が含まれているかで判断していくと、作成後のチェックに使えると思います。「SMART」とは英語の頭文字の組み合わせです。

Specific……具体的か
Measurable……測定可能か
Attainable……達成可能か

Realistic……現実的か
Time-bound……期限付きか

Specific（具体的か）

具体的でわかりやすいかということです。簡単に言えば、皆さんの上司が急に転勤になり新しい上司が着任しました。新しい上司が目標を見て、すぐに理解出来るようなイメージです。例えば「一生懸命頑張り、売上を伸ばす」という目標は、やろうとしている気持ちは伝わってきますが、どれだけ上げたいのか、何を指標に伸ばすと言っているのかがわかりません。「売上を対前年対比で5％向上させる」なら、見ただけですぐに理解出来ます。

Measurable（測定可能か）

これは具体的ともかぶりますが、第三者から見ても、測定基準があるかということです。先ほどの売上の例で言えば、「対前年対比5％」の部分です。このように数値化するのが基本ですが、人材育成の分野や、何かの事項を統一する等は、なかなか数値化するのが難しいです。そういう場合は、例えば評価者（上司）の満足するレベルで実施するというものを測定基準にするのも一案です。

Attainable（達成可能か）

これは一番大事な部分です。達成可能というのは、部下が１００％の力を発揮しないと達成出来ない目標という意味ではありません。１１０～１２０％ぐらいの力を発揮しないと達成出来ない目標という意味です。早い話がストレッチ（背伸び）した目標かということです。これは様々な論文で発表されていますが、人は自分が成長したと実感する、モチベーションの上がる瞬間というのは、少しストレッチした目標に取り組んで達成したときです。これは私の実体験でも当てはまります。目標管理を通じて人材育成を図りたいなら、是非、部下が目標を作成した際に、ストレッチしてあげましょう。部下自身でストレッチをしはじめたら、素晴らしい兆候です。支援者としてサポートしましょう。

Realistic（現実的か）

会社や本部、エリアの目標と整合性があるかという部分です。また、本人が行っている仕事と十分にリンクしているかです。いくら客単価を上げる目標を具体的に立てても、会社の目標が、新規顧客の獲得や、徹底した客数の向上などであれば、せっかくの良い目標も上司が関心を示してくれません。客観的に判断して、現実的であるかどうかを確認しましょう。

Time-bound（期限付きか）

これは当たり前のことですが、いつまでに達成するかという期限を切ってあるかです。

店長の皆さん自身が目標を作成した際や、部下の目標を承認するような際に、是非「ＳＭＡＲＴ」の要件に当てはめてみて、チェックされることをお勧めします。

其の四　プレゼンテーションスキルを磨く

ここから3節は、プレゼンテーションについて考えていきましょう。店長くらいになると人前で話す機会も増えてきます。例えば、店内ミーティングで、ビジョンを熱く語ったり、今期の店舗の戦略を論理的に話したりする機会があります。また、合同店長会議のような場で事例発表したり、評価会議で部下の評価をプレゼンしたりと、急に人前でのプレゼンテーションの機会は増えてきます。このようなプレゼンの場で、2通りの店長がいます。平たく言えば、プレゼンのうまい店長と、プレゼンのうまくない店長です。

では、プレゼンのうまい店長には、どんな特徴があるのでしょうか。いろいろありますが、下記のような特徴が見られます。

・話の内容がわかりやすい
・ユーモアがあり、聞き手が飽きない
・堂々と話している
・導入部分（イントロ）、骨子部分（ボディ）、まとめ（コンクルージョン）がしっかりとまとまっている
等々

他にも多々ありますが、聞き手が今何を話しているか、どの部分の話をしているのかが頭の中にイメージ出来ることが大切です。いかにわかりやすく要点をまとめて伝えられるかということです。

プレゼンテーションは料理を作るのと似ています。例えば、家に友人を招待して夕食を振る舞うとしましょう。何から始めますか。まずは何を作るか決めないと始まりません。

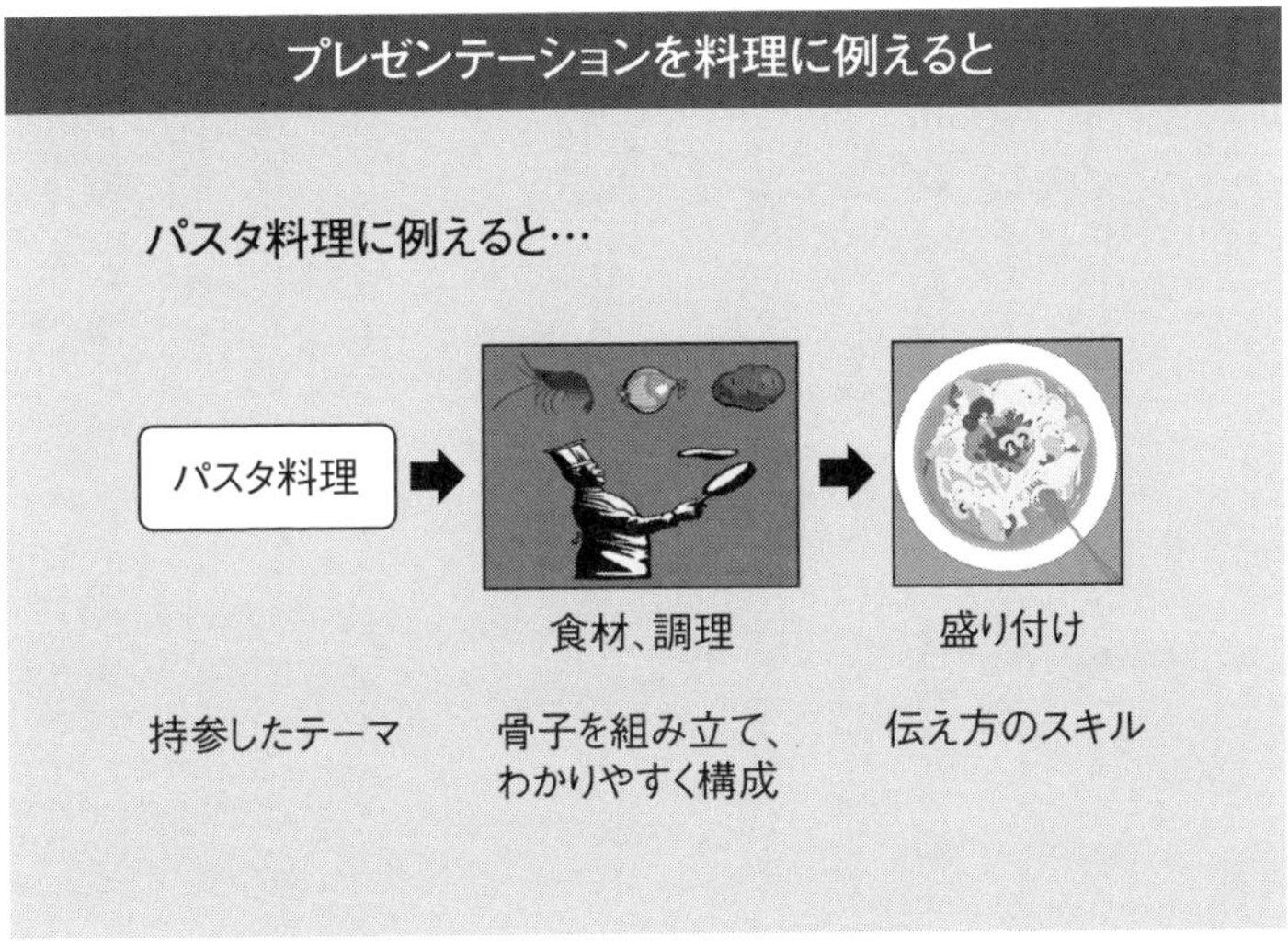

仮にパスタ料理に決まったとします。パスタを作ると決めれば、次は食材の買い出しをするでしょう。食材を揃えたら、実際に調理をします。料理が出来上がれば、今度は盛り付けをします。せっかく最高の食材を揃えて、料理の腕をふるっておいしい料理を作っても、盛り付けが滅茶苦茶ならおいしそうに見えません。どういうことかと言うと、パスタ料理というのが「プレゼンのテーマ」であり、食材を揃えるというのは、プレゼンを作るために、伝えるべき情報を集めることです。料理というのは、集めた情報をカテゴリー分けし、目次に沿って情報を並べて、話を組み立て、わかりやすく構成することです。最後の盛り付けは、店長自身の本番時の伝え方のスキルで

す。

まとめるとプレゼンテーションというのは、まずは伝えるべきテーマを決めて、伝えるべき情報を集め、わかりやすく目次に沿って、相手に伝えることなのです。うまく出来るようになることで、店長としての存在感が増してきます。

是非、この機会に身につけましょう。

其の五　伝え方の技術を磨く

ここでは伝え方、いかに聞き手を巻き込みながら伝えるかを考えていきましょう。一人で最初から最後まで話したいことを話しきると気分はいいものです。なんかスッキリして一仕事終えた感があり、「一杯行こうか?」という感じになります。しかし聞き手はどうなのでしょう? 本当に店長の言っていることは伝わったのでしょうか?

以下の記憶に関する統計を見てください。

私たちが記憶出来るのは、
読んだことの　10％
聞いたことの　20％
見たことの　30％
見て聞いたことの　50％
言ったことの　70％
言って行動したことの　90％
（ロバート・パイク著『研修&セミナーで教える人のためのクリエイティブ・トレーニング・テクニック・ハンドブック』中村文子監訳、藤原るみ訳、日本能率協会マネジメントセンター、二〇〇八年、148ページより）

つまり参加者に発言させて、ディスカッションなどに参加させることで記憶の残存率が高まるのです。一方通行のプレゼンでは、よっぽど面白い話なら別ですが、ほとんどの場合に参加者は飽きてしまいます。ポイントは2通りのコミュニケーションを取りながら、伝えることです。ある程度話したら、参加者に質問してみましょう。

「何か質問はありますか？」

「もう少し詳しく聞きたいことはありますか？」

「私の今の話を聞いて、どんなことを感じましたか？」

「どうすれば、この障害を取り除けるでしょう？」

等々

参加者から意見が出たら、必ず「ありがとう」と意見を言ってくれたことに関してお礼を言いましょう。今度はその意見に対して感想や反応を求める質問をしましょう。


「今、佐藤さんからこんな意見が出ましたが、他の皆さんはいかがですか？」

「同感だと思われる方は、どのくらいおられますか？」


このような感じで、一対多数の状況から、会場全体を巻き込んでいくのです。聴衆から参加者へ変えていくのです。

そうすれば一体感が生まれてきます。ただし、そう簡単には手は挙がりません。私の経験からもなかなか挙がるものではありません。では、そういう場合の対策です。隣の人と話し合わせるのです。

「では、2分差し上げますので、隣の方と意見交換してください」

このように伝えて意見交換させてからだと、手は挙がりやすくなります。自分一人の意見だと不安でも、二人の意見だと気持ちが楽になります。極端な言い方ですが、話し手を無視することは出来ても、隣の人は無視出来ません。横の関係をうまく活用しましょう。

時間が許せば、ディスカッションを入れるのも良いでしょう。グループ単位で話し合わせることで参加意識が上がります。

とにかく聞き手を巻き込んで、参加させ

る方法で伝えることがポイントです。

其の六　ビデオ撮影は最高のフィードバック

参加者を巻き込めたら、あとは自分自身の話し方の問題だけです。面白いもので、いくら話の内容が良くても、話し手のスキルが低いと「なんか良さそうだけど、よくわからない」という感想になります。逆に、話し手のスキルは高いけど、話の内容が今一つだと、「言っていることはわかるけど、だから何なの」という感想になります。話の内容もさることながら、話し手のスキルも大きく影響するということです。

私は「ビジネス・プレゼンテーションスキル」という研修をよく実施します。研修の中で、5分間スピーチをしてもらい、参加者や私から「くせ」「ボディランゲージ」「立ち方」「シナリオ」などをフィードバックする演習をやります。参加者の感想は、「こんなに口癖が多いとは知らなかった」という感想ばかりです。そうなのです。意外と自分の口癖はわからないものなのです。中でも困るのは繋ぎによく使われる「え～」「あの～」「え～とですね」が多いことです。他には、「す～」と話の途中で息を大きく吸うという人も多いですし、「つまり」「例えば」「絶対」など同じフレーズが何度も出てくる人もいます。

しかしながら、この気づきはどこから生まれるのでしょう。

ジョハリの窓を思い出してください（第一章其の七 p39）。対人関係の気づきのグラフです。誰しも未知の可能性を持っており、その可能性のドアを開くには、自分をさらけ出してプライベートの領域を少なくし、他者からフィードバックしてもらうことで、盲点が少なくなり、未知の可能性の領域に踏み込むことが出来るのです。

先ほどの癖の話に戻りますが、人前で話すことにより自分をさらけ出し、その内容に関して他者からフィードバックしてもらい、初めて自分の癖がわかります。その癖や欠点を直してプレゼンスキルが上がれば、未知の可能性も広がります。

別に研修だけに限らず、もっと簡単で良い方法があります。自身の練習風景や、人前で話している状況をビデオに撮影するのです。少し見るのは恥ずかしいですが、自分の癖や、話しているときの姿勢など、最も客観的なフィードバックになります。研修の中でフィードバックを参加者同士でするのですが、どうしても人の欠点は言いづらいので、優しいフィードバックになる傾向があります。しかしながら、ビデオは遠慮を知りません。気になる点がある人は、一度試してみてください。手厳しいフィードバックをしてくれますよ。

第七章　極めるためのさらなる虎の巻

其の一　タイムマネジメントで人生を豊かにする

時間にまつわる格言は山のようにありますね。「Time is money!」「光陰矢のごとし」「少年老い易く学成り難し。一寸の光陰軽んずべからず」いろいろありますが、私のお気に入りは、ベンジャミン・フランクリンの「人生は時間から出来ている」、この言葉が一番響きます。タイムマネジメントとは、直訳すると時間管理ですが、時間を管理することではなく、時間の使い方を管理することです。

私は「タイムマネジメント」の研修の中で、イントロ（もしくは、つかみ）として「1440」という数字を見せて、「この数字は何でしょう?」と参加者に問います。「弊社のクレーム件数です」「弊社の事故の件数です」とかいろいろな意見が出ます。ここで

時間管理のマトリックス①

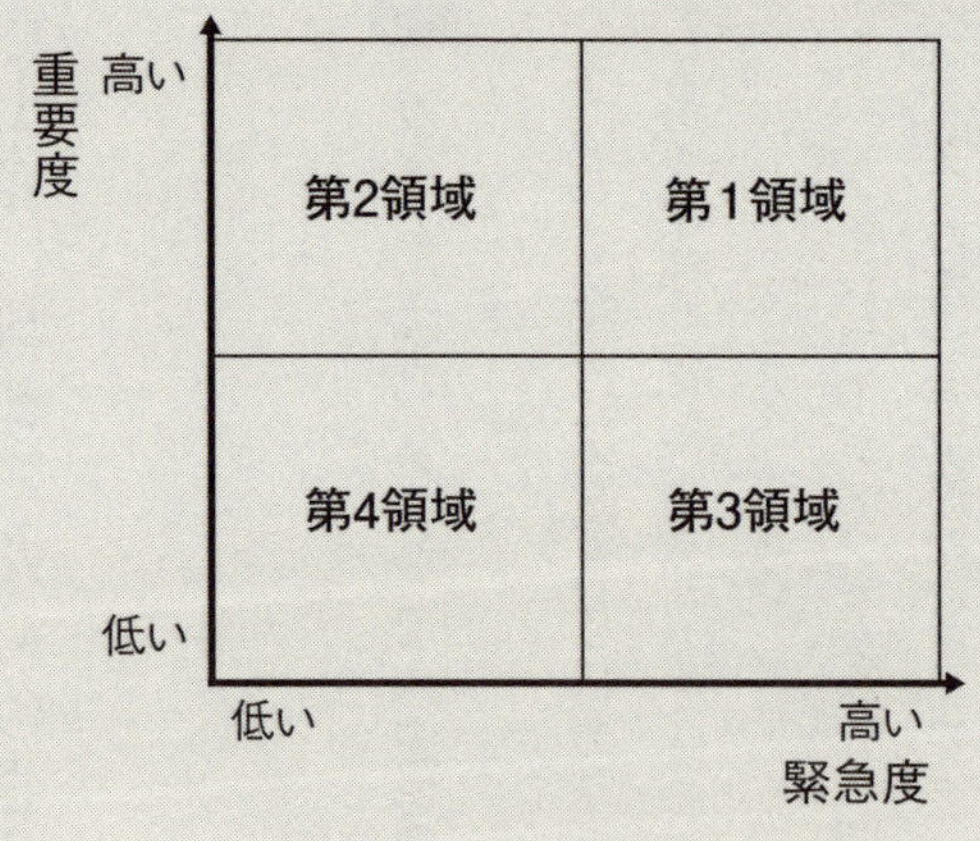

ヒントを出します。「今日は何の研修ですか？　タイムマネジメントの研修ですね。つまりこの数字は時間にまつわる数字なのです」、このヒントを出して暫くすると「一日は1440分です！」とやっと答えが返ってきます。全員が同じように1440分という時間を持っています。総理大臣もイチロー選手も、私たちも平等に与えられているのです。人生を充実したものに出来るか、出来ないかの分かれ目は、言いかえれば時間の使い方の問題とも言えるでしょう。

　タイムマネジメントとは、一言で言えばパズルのようなものです。一日1440分というタイムラインの上に、「睡眠」「食事」「仕事」「趣味」「学習」「娯楽」などのピースを並べていきます。仕事に限って言えば、「事務作業」「外回り」「会議」「報告書」「昼食」などのピースを並べていき、所定時間を超えれば残業になります。ポイントはどんなピースが本当に必要で、いかにそのピースの生産性を上げていくかということです。ここでは、細かい時間管理のテクニックは紹介しません。スティーブン・R・コヴィー氏の書かれた『7つの習慣』（ジェームス・J．スキナー、川西茂訳、キング・ベアー出版、一九九六年）の中から、「時間管理のマトリックス」を紹介します。

横軸に「緊急度」、縦軸に「重要度」を置き、4つの領域に分けます。

「第1領域」――・自分にとって、緊急度も高く、重要度も高い領域
・期限が迫る仕事・お客様のクレーム・病気や事故・危機や災害など

「第2領域」――・自分にとって、緊急度は低いが、重要度は高い領域
・人間関係作り・準備や計画・トレーニング・情報収集・勉強や自己啓発・健康維持など

「第3領域」――・自分にとって、緊急度は高いが、重要度は低い領域
・アポなしセールス・多くの電話・多くの会議、報告書・無意味な接待、付き合いなど

「第4領域」――・自分にとって、緊急度も低く、重要度も低い領域
・暇つぶし・ダラダラ過ごす（テレビ、漫画、パチンコなど）

研修では、まずは先週一週間の時間の使い道を用紙に書いてもらい、その使い道を上記の4つの領域に分けてもらい省察をします。ポイントとしては、いかに「第2領域」の時間をプランニングするかということです。ビジネスシーンに置き換えると、「第2領域」というのは、結果や成果を出すための準備の領域と言えるでしょう。この領域を充実させることで成功に繋がっていきます。

ちょっと考えてみてください。「第2領域」というのは、緊急度は当面は低いですが、少し放置しておくとすぐに「第1領域」に飛び込んできます。今度は「第1領域」だらけになってしまうと、その反動で「第4領域」に逃げ込んだりします。一つアドバイスとし

時間管理のマトリックス②

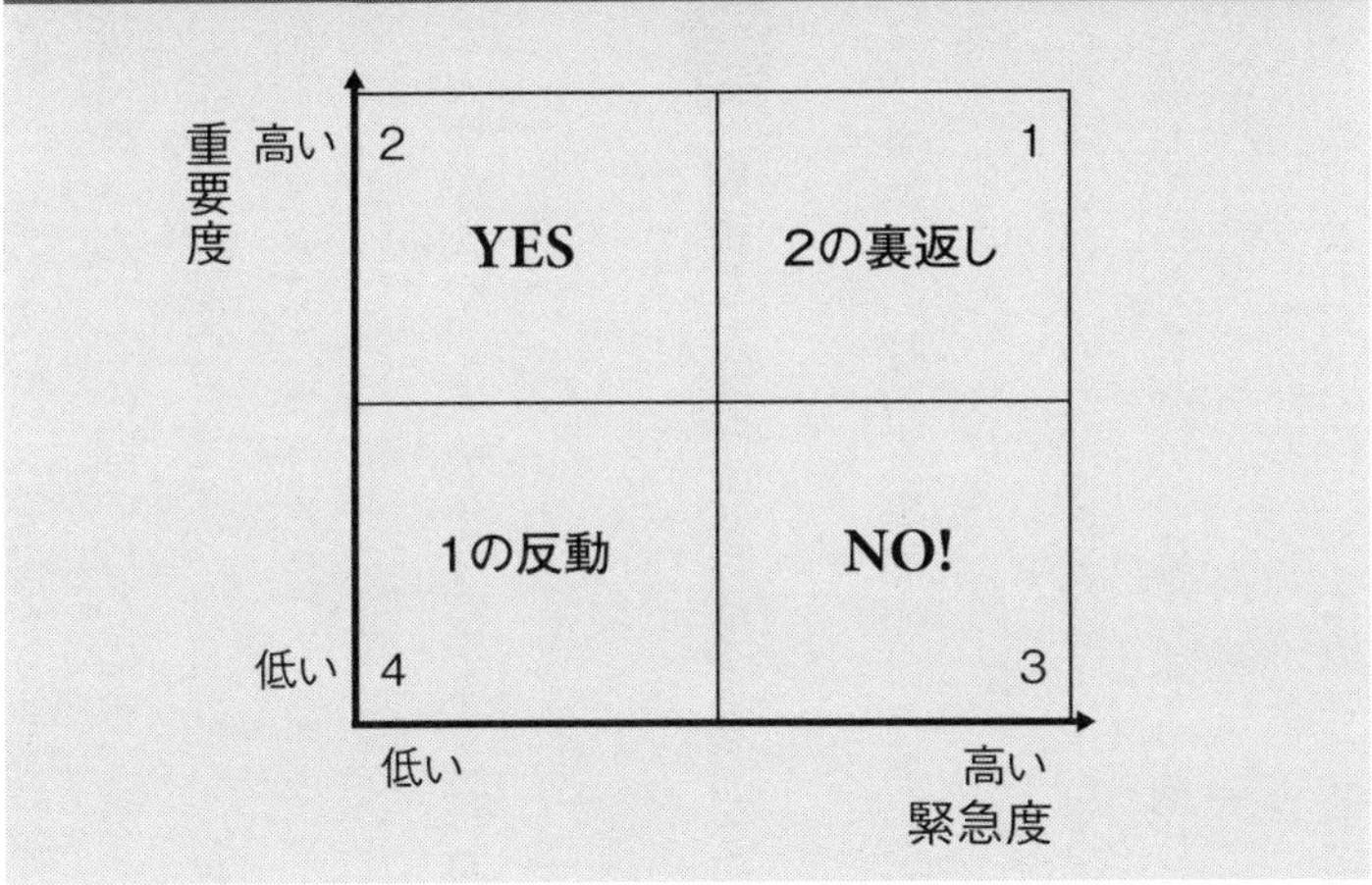

ては、「第3領域」に関しては、自分にとってはあまり重要でない領域なので、勇気を持って「NO」と言うことも必要でしょう。この領域は緊急度が高いために、飛び込んでくると3つの選択に迫られます。「自分でやる」「他の人にやってもらう」「断る」という選択です。ただし、よく考えないといけないのは、この領域は自分にとっては重要でなくても、相手にとっては重要な場合がありますので、断る場合は、人間関係に配慮することを忘れてはいけません。

タイムマネジメントにおいて大切なのは、スケジュールした課題に優先順位をつけることではなく、優先課題をスケジュールすることなのです。皆さんにとって優先すべきは、「第2領域」であることを意識しましょう。

最後に皆さん、この問いに心の中で答えてください。

「明日で地球は滅亡します。今日は人生最後の日です。誰と一緒に過ごしますか？　もしくは何をして過ごしますか？」

答えは出ましたか。もう一問質問です。

「その大切な人や、大切なことをする時間を、どれだけスケジュールしていますか？」

其の二　自律した部下を育成するコミュニケーション〝コーチング〟

私は仕事柄、会社の人事部の方とよくお会いします。社員教育の方向性を話していると、ほとんどの人事の方が、「自律した社員」を育成したいと言われます。ここでいう自律した社員というのは、「自ら考え、自ら行動する社員」という意味合いです。経済産業省が定義している社会人基礎力は、「前に踏み出す力」「考え抜く力」「チームで働く力」の3点です。

では、チームのために、考え抜いて前に踏み出す力を醸成するには、昔ながらの上意下達のコミュニケーションや、野球型と言われる組織、監督が全ての指示を出し、選手は与えられた役割を全うするような仕事のやり方の中で生まれるのでしょうか。経済が右肩上がりの工業化社会の世の中では、このような野球型組織はピッタリはまっていました。しかしながら、時代の流れの早い情報化社会においては、仕事のやり方やコミュニケーションの取り方も変えていく必要がありそうです。お客様のニーズの多様化した情報化社会においては、摑んだニーズをすぐに商品やサービスに生かしていく必要があります。野球型のような、縦長のピラミッド型組織は決裁に時間がかかり、対応が遅れがちです。そんな中注目されているのがサッカー型組織です。サッカーの監督は、試合中に選手に対して指示を出したり、アドバイスを出すことは出来ません。フィールドの中の選手は、キャプテンを中心に、自ら考え、自らの判断で行動することが求められます。選手はボールを持てば、「パスをする」「ドリブルで抜く」「シュートをする」という判断が求められ、行動を起こします。ビジネスに置き換えれば、現場に近い社員に権限を持たせ、お客様のニーズに素早く応える必要があります。そのためにも社員の自律が必要なのです。このような時代背景の中、注目されているのが「コーチング」です。

「馬車」を語源とするコーチングは、「大切な人を現地まで送り届ける」という意味合いを持ち、ビジネスシーンにおいて、「部下をゴールまで送り届ける」ための、上司の持つコミュニケーションスキルとして定着してきています。

私が定義を概観したところ、コーチングとは一方通行ではなく、双方向の会話を重ねながら、相手の考えや可能性を引き出し、気づかせ、行動を起こさせるコミュニケーションスキルであると言えます。

コーチングを実施する際に必要なスキルとしては、「質問のスキル」「傾聴のスキル」「承認のスキル」が一般的に3大スキルとされています。コーチングにおける哲学としては、「人は無限の可能性を持っている」「その人が必要とする答えは、全てその人の中にある」「その答えを見つけるには、パートナーが必要である」とされています。この3つの哲学を実践するために、コーチが質問により相手の考えを引き出し、相手の話を傾聴し、相手の成長・到達点を承認することが部下の自己成長感につながり、ポジティブな行動変容を起こさせるのです。

皆さんも昔を思い出してください。お母さんから「勉強しなさい」と口酸っぱく言われて勉強しましたか。どこの学校へ行くとか、何か資格を取るなどの目標が出来たとき、人は継続して頑張れます。つまり、自分で決めたことだから頑張れるのです。コーチングに

おいては、自分で決めるというのが最大のポイントです。相手が自分で決めるためにお手伝いするのがコーチの役割なのです。

其の三　コーチングを部下の目標管理に生かす

部下の自発的な行動を促すためのコミュニケーションスキルであるコーチングですが、この本の中では、具体的なスキルやコーチングのフローには触れません。では、このコーチングを、部下育成のどのような場面で使っていけばよいのでしょうか。基本的には、コーチングは部下の目標達成に向けて使うのが、一番効果的でしょう。そもそもコーチングの目的そのものとも言えます。

次頁に少し難しい図が出てきますが、私は大学院時代、コーチングをテーマに調査・研究をしておりました。その際に立証した仮説のモデル図です。仮説は大きく分類すると、次の5つです。

仮説①―コーチングは内発的動機づけを媒介して、ＭＢＯ（目標管理制度）の精度向上

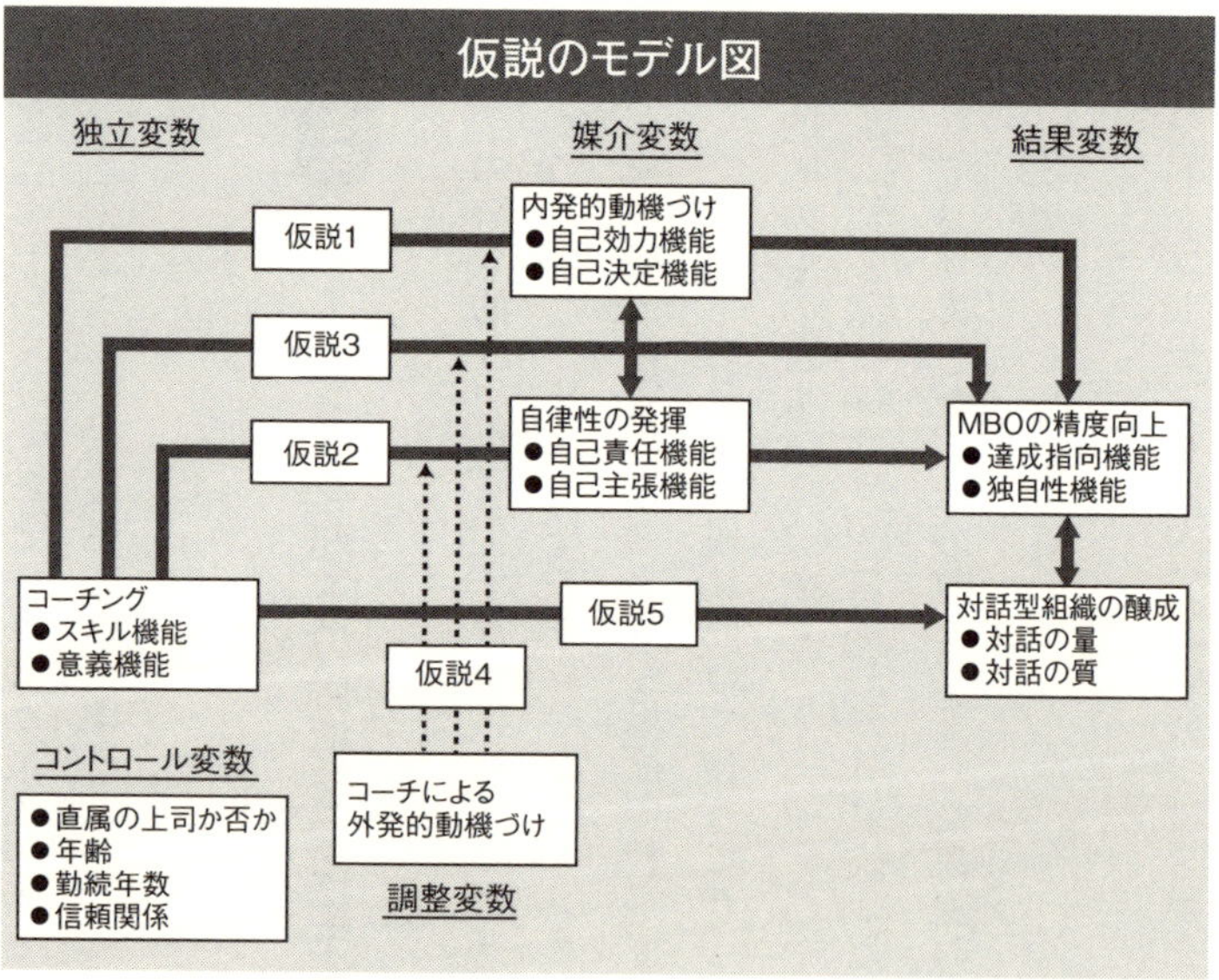

にプラスの影響を及ぼす。

仮説②―コーチングは自律性の発揮を媒介して、ＭＢＯの精度向上にプラスの影響を及ぼす。

仮説③―コーチングは内発的動機づけ、自律性の発揮を媒介して、ＭＢＯの精度向上にプラスの影響を及ぼす。

仮説④―コーチからの外発的動機づけがある状況で、コーチングはＭＢＯの精度向上にプラスの影響を及ぼす。

仮説⑤―コーチングは対話型組織の醸成にプラスの影響を及ぼす。

要約しますと、コーチングを導入することにより、部下の自律的な目標管理の精度が上がり、対話型組織に向かいます。しかしながら、そのように向かわせるためには、大前提として、上司と部下の信頼関係が醸成されていること、上司のコーチングスキルが高いこと、部下の内発的動機づけ、自律性の発揮が見られることで実現するというものです。

店舗運営において、店長が部下や従業員に対してコーチングを実施することは、自律した部下を育成するうえで、大きな武器となるでしょう。しかしながら、不定期就労のパートの人たちと継続してコーチングを実施するのは困難が予想されますし、全員と実施するのは、まず無理でしょう。ここで私がお勧めしたいのは、コーチング的なコミュニケーションを、日々のコミュニケーションに生かしましょうということです。部下と会話する際に、「質問をする」「共感を持って話を聴く」「フィードバックをポジティブな形でする」というようなスキルを意識して使うことが大事です。意識せずに使えるようになればしめたものです。

もう一点は、目標管理に関わる場面で使うことです。例えば、部下の目標を承認する際に、「もう少し目標のハードルを上げるには、何が必要かな？」「この半分の期間で達成するには、何が障害かな？」「この目標を達成するために、僕にお手伝い出来ることは？」

というように、目標をストレッチさせることが大事です。

また、評価をフィードバックするような際にも有効です。「この半期の活動を振り返ってみてください」「この評価をどのように受け止めますか」「成功要因は何でしたか」「うまくいかなかった原因は何でしょう」「来期はどんな目標に取り組みますか」というように、上司から一方的にフィードバックをするのでなく、部下に考えさせることが必要です。

いかがでしょう、「コーチング」に関して少しは興味が出てきましたか？　興味を持った方は、このタイミングで本を読むとか、セミナーに参加されることをお勧めします。損をすることはないと思いますよ。

其の四　真の原因を探し、問題解決にあたる

まずは、この寓話を読んでみてください。

お巡りさん「どうされました？　いったい何をしているのですか？」

ある男「大切な鍵を落としてしまったので、捜しているのです」

お巡りさん「どれどれ、私も一緒に捜しましょう」

お巡りさんは、鍵を一緒に捜してあげることにしました。幸い、男の人が鍵を捜している場所は、街灯の真下でした。

しばらく捜してみても、いっこうに鍵は見つかりません。

お巡りさん「おかしいですね、見あたりませんね。どのへんで落としたのか、全くわからないのですか?」

お巡りさんは、男にそう尋ねました。

ある男　「真っ暗で、何も見えないところで、鍵を落としました」

この答えに訝しがりながら、お巡りさんは、男に尋ねました。

お巡りさん「真っ暗なところで鍵を落としたなら、なぜ、あなたは街路灯で照らされている、明るいこのあたりを捜しているのですか」

憮然とした顔で、男は答えました。

ある男　「だって、このあたりは、街路灯に照らされているので明るいじゃないですか……捜すには最適な場所ですよ」

なかなか、考えさせられる寓話です。ビジネスシーンに置き換えても、見えることだけの問題解決をして、モグラ叩きゲームをしていませんか。出てきたモグラを叩き続けるゲームです。真の原因を解決しないことには、根本解決にはなりません。

問題の原因を追及するには、よく「なぜ」を5回繰り返しなさいと言われます。

問題点：ある従業員の愛想が良くない
なぜ1：なぜ、愛想が良くない→やる気をなくしている
なぜ2：なぜ、やる気をなくしている→精神的、肉体的に疲れきっている
なぜ3：なぜ、精神的、肉体的に疲れきっている→1ヵ月ほとんど休んでいない
なぜ4：なぜ、1ヵ月ほとんど休んでいない→在籍稼働人数が少ない
なぜ5：なぜ、在籍稼働人数が少ない→何とか人は集まるが、すぐに辞めてしまう

このように、なぜを繰り返せば、従業員の定着を図ることが根本的なアクションプラン

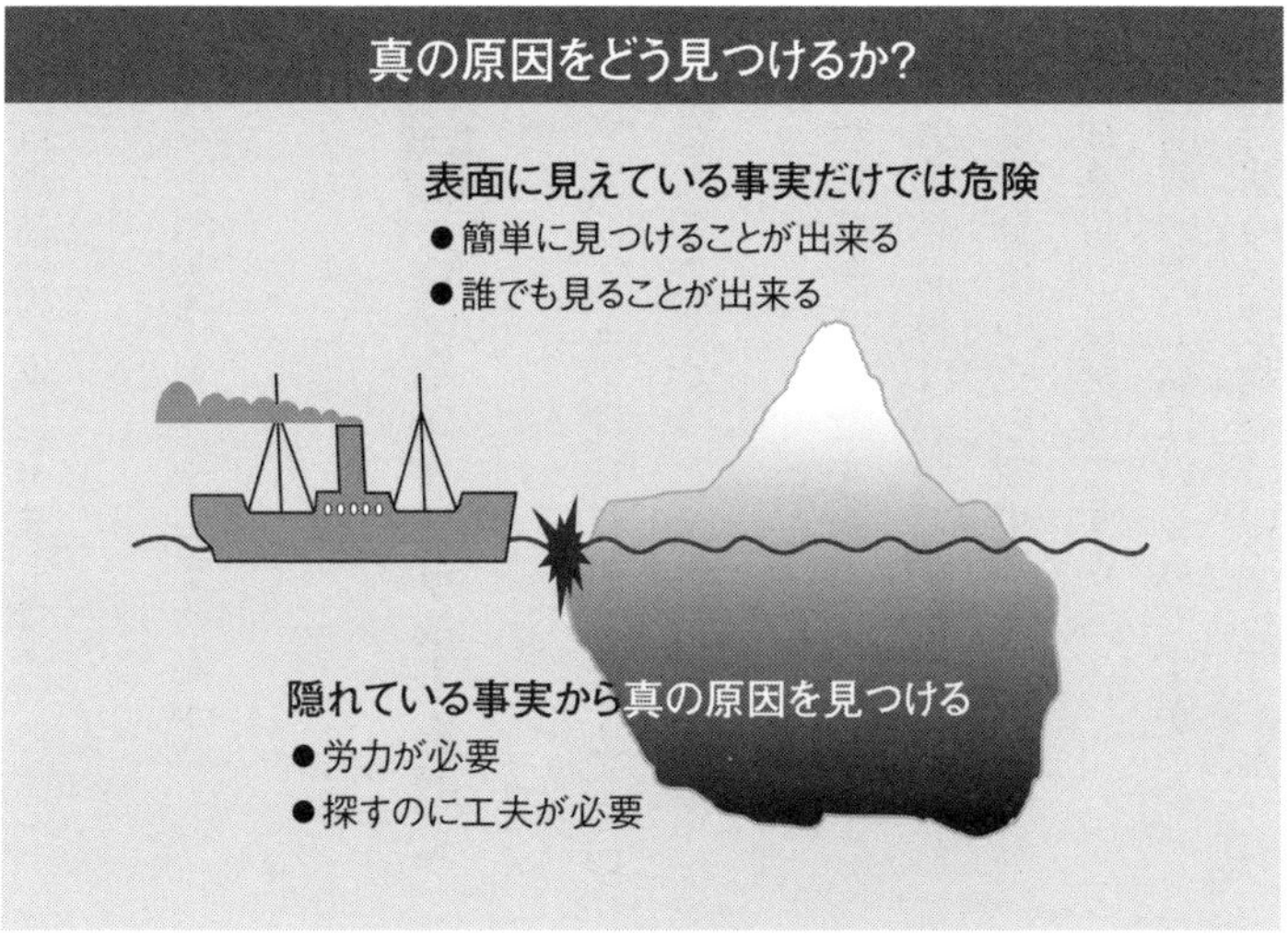
真の原因をどう見つけるか?
表面に見えている事実だけでは危険
●簡単に見つけることが出来る
●誰でも見ることが出来る
隠れている事実から真の原因を見つける
●労力が必要
●探すのに工夫が必要

として出てきますが、もし、従業員の愛想が良くないのを、トレーニングとか、本人の問題だと決めつけて解決を図ろうとすると、さらに状況は悪化していくでしょう。

映画の『タイタニック』で、タイタニック号は氷山を避けようとして激突しました。氷山は見えている部分より、見えてない部分のほうが大きいのです。問題解決も一緒だと思いませんか。見えている部分は、簡単に見つけられるし、誰でも見ることが出来ます。しかしながら、隠れている事実は、労力がかかるし、探すのに苦労するものです。

「なぜ」を5回繰り返して、真の原因を探

し、問題解決にあたりましょう。

もぐら叩きはもうやめませんか。

其の五　ビジネスリテラシーを磨く

皆さん、左記の問いに答えてください。店の数字ではありません。皆さんの会社のことを教えてください。

・経営理念は何ですか?
・会社設立日はいつですか?
・資本金はいくらですか?
・従業員数は何人ですか?
・前期の売上高はいくらですか?
・前期の経常利益はいくらですか?

・今期の売上目標はいくらですか？
・今期の経常利益目標はいくらですか？
・今、一番の売れ筋商品は何ですか？

いかがでしょうか？　全部答えられた方は、たぶんおられないと思います。私も人のことは言えませんが、店長やスーパーバイザー職をやっていた頃、自分の店舗や自分のエリアの数字は細かく把握していましたが、自分の会社のことは、意外と知らなかったりします。

若手社員の研修で、よくこんな質問を受けます。「これから社会人として成長していくうえで、何が一番必要ですか？」というような質問です。語学とか、論理的に考える力、プレゼンテーション力、コミュニケーション力など、いろいろありますが、私は「ビジネスリテラシー」と答えるようにしています。リテラシーとは、読み書きの能力、活用能力のことです。「ビジネスリテラシー」とは、いろいろな取り方があるとは思いますが、私は自社の経営資源を活用して、仕事に生かす能力と捉えています。そのためには、当たり前のことなのですが、自社を知るということからスタートです。自社ではどんなビジネスをして、どうやって儲けているかという仕組みを知ることが大事なのです。つまり自分の会社のことをとことん勉強することが重要だということです。

例えば、他社の方と面談の機会があったとします。いきなり本題に入ることは少ないです。最初に、「最近、景気はどうですか?」「今期はどうですか?」「従業員は何人くらいおられるんですか?」こういった内容の話は普通に出てきます。意外とこの手の答えに窮したりすると、皆さんの素晴らしい能力を低く見積もられる可能性があります。

他にもよくあるのが、会社で扱っている商品やサービスにもかかわらず、その知識が無いばかりに、話を膨らませることが出来ないという状況もあります。興味を持たれた商品やサービスの知識があれば、ビジネスチャンスが膨らみます。私も起業して本当に実感していますが、何が縁でビジネスに繋がるかはわかりません。どんな状況にも対応出来るように、まずは自社を知りつくすことが大事だと思う、今日この頃です。

自社で生き抜くためには、自社をとことん知ることからスタートです。

其の六　オペレーションに強くあれ

前述のビジネスリテラシーとも通じるのですが、店長にとって何が大事なリテラシーかと言えば、「オペレーションに強い」ということではないでしょうか。

大きな話からすれば、会社にはミッション（社会に対する使命・役割）、ビジョン（こうありたい姿）があります。そのうえで、次に競争戦略が出来上がります。簡単に言えば市場の中で、どんな価値をお客様に提供して、他社と差別化していくかです。その競争戦略をどう実現していくかが、オペレーション力（現場力）となります。オペレーション力とは、現場における改善力といっても過言ではないでしょう。

チェーン店を展開して、売上を構築している企業においては、店舗（現場）での改善力が強い企業が勝ち残ると言えるでしょう。特に、時代の流れの早い情報化社会においては、現場での改善力の差が、売上の差になって現れるのではないでしょうか。

私が在籍していたマクドナルドにおいても、オペレーションに強い店長が、早いキャリアでスーパーバイザーや、本社スタッフへ昇進していました。逆にオペレーションマネージャーをやっていた頃の話ですが、様々な提案をする際に、オペレーションに強い本部長などを説得するのは、本当に大変でした。現場のことをよく知っておられるので、相当な数字と知識で武装しないとコテンパンにやられた記憶があります。

では、どうすればオペレーションに強くなるのでしょう。答えは当たり前のことですが、現場で働くことです。全ての答えは、「ON　THE　FLOOR」にあるということです。統括マネージャー時代、店舗巡回して3通りの店長がいました。まず、いつも店舗にいて陣頭指揮をとっている店長、そしていつも事務所にいる店長、最後は姑息ですが、私が巡回するであろう時間だけ、店舗にいる店長です。不思議なもので、いつも事務所にいたりすると、店舗でオペレーションに携わるのが怖くなるのです。普段からオペレーションに入らない→自身のオペレーション力が落ちる→クルーの動きについていけない→クルーからの信頼を無くすという悪循環になるのです。これはもう最悪のシナリオです。今のは極端な例ですが、いつも店舗にいるから良い店長とは限りません。クルーを適正人数確保出来ていないから、店舗に入らざるをえない状況かもしれません。あとは、いつも店舗にいるので、問題点に気づかなくなる可能性もあります。大事なことは、いつも何か問題があるという意識で店舗を観察することです。よくムダを省きなさいとは言いますが、ムダというのは、「ここにムダがある」という意識で物事を見ないと、発見出来ません。それと同じで、常に新鮮な目で店舗を観察出来るというのが、オペレーションに強いということでしょう。現場にこそ全ての答えは存在します。「どうすれば、クルーがもっと働きやすい職場に出来るだろう」「どうすれば、もっとお客様に喜んでもらえるだろう」「どうすれば、もっと売上を伸ばせるだろう」「どうすれば、もっと経費を節約出来るだろう」この答えは、全て現場にあります。言いかえれば、事務所では見つけることが出来ません。

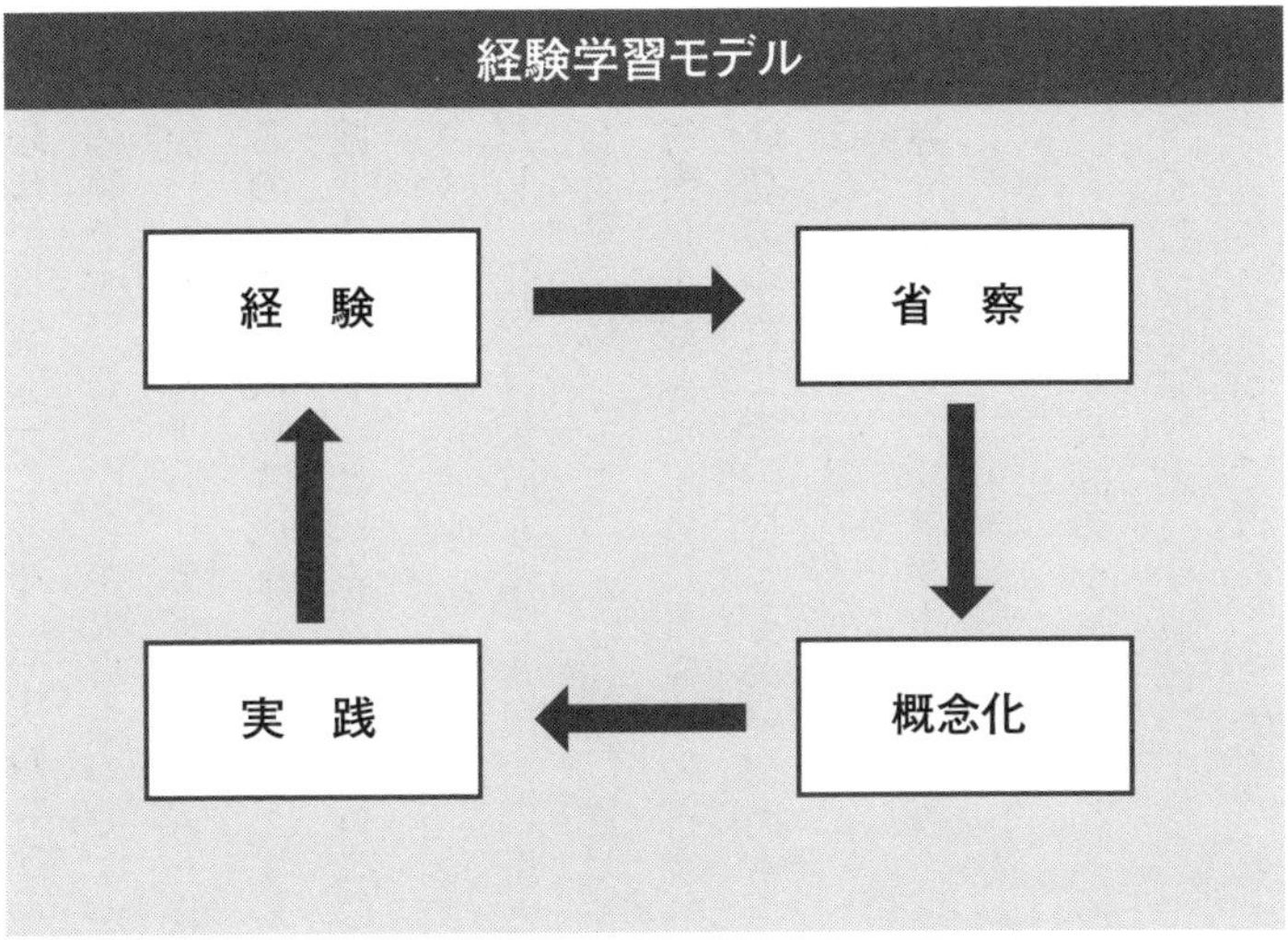

現場で「なぜ」を5回繰り返して、改善のためのヒントを見つけていきましょう。

其の七　成功の再現のために省察を

研修をやっていると、「研修で人は育ちますか？」という質問を受けます。私はいつもこのように答えます。「育つためのきっかけ作り、気づきを与えることは出来ます」と答えています。ここでご紹介したいのが、経験学習モデルです。

簡単に言えば、人が学んだことを腹に落ちた状態にするまでのサイクルです。例えば研修を受けた参加者は、研修での事後課題を現場で「実践」します。「実践」する中で、2種類の「経験」をします。成功体験と失敗体験です。ここからが大事なのですが、経験を「省察」します。成功したのには、当然何かしらの要因があります。また、失敗体験の中にも、要因はあります。その要因を省察するのです。成功要因を「概念化」することにより、成功の再現性に繋がり、失敗要因を「概念化」することにより、失敗行動の防止に繋がります。そうしてスキルとして身についていきます。

ただし、我々は失敗したときは、二度と同じ失敗をしたくないので省察するのですが、成功した場合は、「さあ、一杯飲みに行こうか」とか、「結果良ければすべて良し」でなかなか省察しません。これだと成功の再現性は生まれません。経験の蓄積にならないからです。成功の中にこそ、皆さんの飛躍のチャンスがあるのです。「成功のイメージ」を叩き込むことが大事なのです。

世界No.1のプロゴルファーのタイガー・ウッズに、昔ブッチ・ハーモンというコーチがついていました。このコーチは、タイガーがミスショットをした際に当然省察させるのですが、タイガーが最高のショットをした際も、ただ褒めるだけでなく、「もう一度同じショットを打つには、どうすればいい?」「もう一度同じショットを打つために、何が障害かな?」という感じで省察させます。考えてプレイすることで、タイガーの腹に落ちてい

PDCAのサイクル

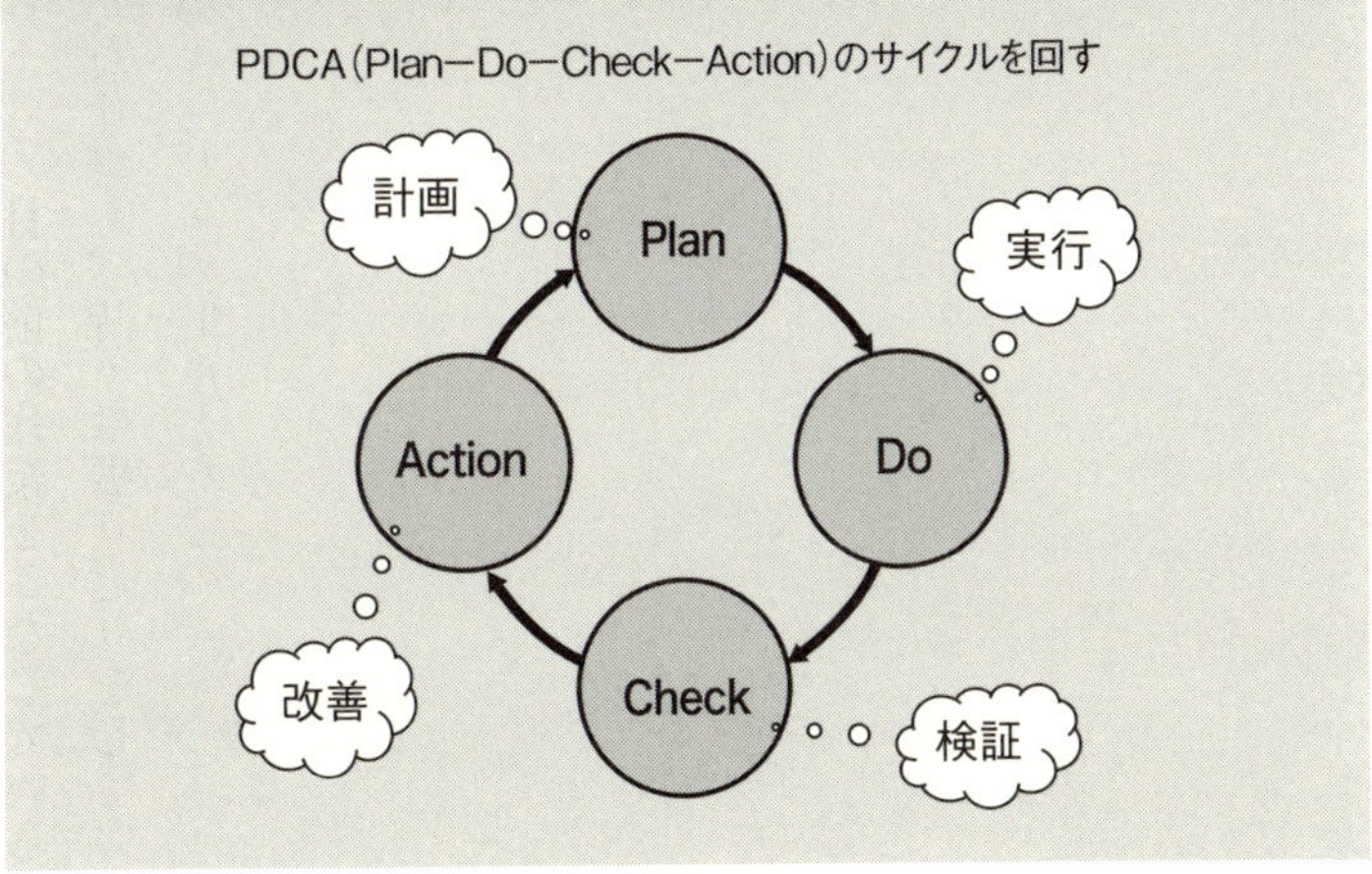

PDCA（Plan−Do−Check−Action）のサイクルを回す

くわけです。

これは普段の仕事にも言えます。このサイクルを日常の仕事に落とし込むと、PDCAのサイクルになります。

Plan……目標を立てて、具体的な計画に落とし込む
Do………果敢に実行する
Check…途中で成果を測定・評価・修正
Action…検証を踏まえて改善アクション

このサイクルにおいても、大切なのはCheck（検証）です。検証しないことには、次のアクションプランは生まれません。仕事というのは、経験を積むと何も考えなくても出来るようになります。しかしながら、これを続けていると、考えずに仕事をする癖がつきます。こうなると、仕事

というより、目の前の作業をこなしているだけです。

どんな仕事も、時々は振り返りをしていきましょう。省察からの経験の蓄積こそが、皆さんのキャリアの財産となるのです。

最後に　すばらしき店長の皆さまへ贈る

私はマクドナルド時代、最後は本社スタッフでしたが、本社スタッフに「どの職位のときが一番楽しかった？」と聞くと、全員とは言いませんが、ほとんどの方から「店長時代」と答えが返ってきます。一番大変だったけど、やりがいも一番あり、成長実感があったのかもしれません。

私は今でもあの瞬間のことを覚えています。初めて店長に着任して店のドアを開けた瞬間です。クルーの皆さんから「店長、おはようございます」の一言を聞いた瞬間です。店長代理のときは「中村さん」と呼ばれていましたが、店長になると「店長」と呼ばれるようになります。この最高の瞬間のために、早く店長になりたいというモチベーションで、店長代理時代頑張っていた記憶があります。

店長職は、本当にすばらしい仕事です。皆の憧れの職位です。いろいろなタイプの店長を見ていますが、成功している店長は皆ポジティブです。まるでポジティブの金太郎飴のようです。どこを切ってもポジティブです。面白いもので、ポジティブな店長の店は、不思議と従業員もポジティブです。ネガティブな店長の店は、やはり従業員に元気がありません。伝染するのですね。店長の行動は全て影を落としています。ポジティブな影を落とせばポジティブな雰囲気に変わりますし、ネガティブな言動や行動は、ネガティブな雰囲気を生んでしまいます。そうです、店は店長次第なのです。

もしかしたら、この本を読んでいただいた方の中にも、「自分は今の職位に向いていない」と思っている方もおられるでしょう。しかし世の中ポジティブに考えたほうが面白いです。

私の尊敬する高杉晋作は、死の直前の病床でこのように詠みました。

〝面白きこともなき世を面白く〟

人生や仕事は面白いことばかりではありません。むしろ辛いことのほうが多いでしょう。だからこそ無理してでも面白いと捉えましょう。実は高杉晋作は前述のように詠んだのですが、病床の世話をしていた野村望東尼は、こう付け加えました。

〝面白きこともなき世を面白く　すみなすものは心なりけり〟

全ては自分の心の持ちようなのです。

「向き不向きよりも前向き」「出来るか出来ないかよりどうやるか」の考え方できっと乗り切れます。陰ながら応援しています。

最後にこの本を手にしてくださったあなたにエールを送らせてください。

「かっこいい上司になってください！」

これは勿論、容姿のことを言っているわけではありません。皆さんの部下の方があなたを見て、「私もあんな店長になりたい」「私も早く課長になりたい」「私も○○さんみたいになりたい」と言ってもらえる上司です。あなたを見て、夢を描いてもらえるような、かっこいい上司になってください。それが部下のモチベーションを一番高める方法なのです。それこそがピープルビジネスだと私は信じています。人を見て人が成長する。私もそんな職場作りのお手伝いをするために、これからも切磋琢磨していきます。

私ごときの本を最後までお読みいただき、心より感謝申し上げます。

本当にありがとうございました。

二〇一一年六月吉日

中村真一

著者略歴

中村 真一（なかむら しんいち）
株式会社楽問舎　代表取締役

京都市生まれ。立教大学大学院独立研究科修了。日本マクドナルド株式会社入社後、店長職をはじめ、スーパーバイザー職、中央地区本部トレーニング室責任者、神奈川県のオペレーションマネージャーなどを歴任。その後人材教育会社を経て、2010年株式会社楽問舎を設立。「片手にユーモア・片手に科学」をモットーに、新人社員から管理職まで、参加者を絶対に飽きさせない研修を実施している。得意分野は、コーチングをベースとしたヒューマンスキル、プレゼンテーションスキル、パート育成術、OJT手法など。

立教大学大学院経営管理学（MBA）修士
生涯学習開発財団認定コーチ

著者ホームページ：http ://gakumonsha.com/

極《ごく》！店長道《てんちょうどう》

二〇一六年一〇月五日　第一刷発行

著者　中村真一《なかむらしんいち》
発行者　田村仁
発行所　株式会社講談社エディトリアル
郵便番号　一一二-〇〇一三
東京都文京区音羽一-一七-一八　護国寺SIAビル六階
電話　代表：〇三-五三一九-二一七一
販売：〇三-六九〇二-一〇二二

印刷・製本　株式会社平河工業社

ISBN978-4-907514-64-8